世界の
ハイパフォーマーを
30年間見てきて
わかった

一流が
大切にしている
仕事の基本

佐藤 美和
Miwa Sato

かんき出版

本書は、**「一流が大切にしている仕事の基本」**をお伝えするものです。

「あの人に任せておけば大丈夫！　必ずいい結果を出してくれる」

一流とは、みんなからこんなふうに思われている人です。

一流の人が出す成果は、並大抵のレベルではありません。

誰もが「これは、すごい」と感心するくらいの圧倒的な成果です。

さらにその圧倒的な成果を出したのは、一度や二度ではありません。

ずっと出し続けているのです。

こんな人を見ると、

「一流というのは、生まれつき頭がいい人なんだ。

特別な才能も授かっているに違いない。

そういう人が、恵まれた環境で学んできたから、

高い成果を出せるんだ。

普通の人が今からどんなに努力したって、

絶対に一流にはなれっこない」

そう思いたくもなります。

でも、考えてみてください。

大企業には、有名大学の同じ学部を卒業した人が、毎年たくさん入社してきます。

彼ら・彼女らが学んできた環境は同じ。

学んだ内容も同じ。

ＩＱだって、ほぼ同じ。

それなのに、一流もいれば、そうではない人もいます。

さらに大学を出ていなくたって、一流の人はたくさんいます。

では一体、一流の人と普通の人とでは、何が違うのでしょうか？

違うのは「思考」と「行動」です。

「知っている」「できる」というだけで何もしなければ、成果は出せません。
だから、自分の知識やスキルをかき集めて、整理して、つないで、組み立てます。
これが「思考」です。
そして、「思考」に沿って動くのが「行動」です。

「思考」すること、「行動」することは、誰もがやっています。

ただ、一流は、成果につながる正しい道筋を見つけ出し、その上を地道に歩んでいるのです。

■ 成果を出すまで

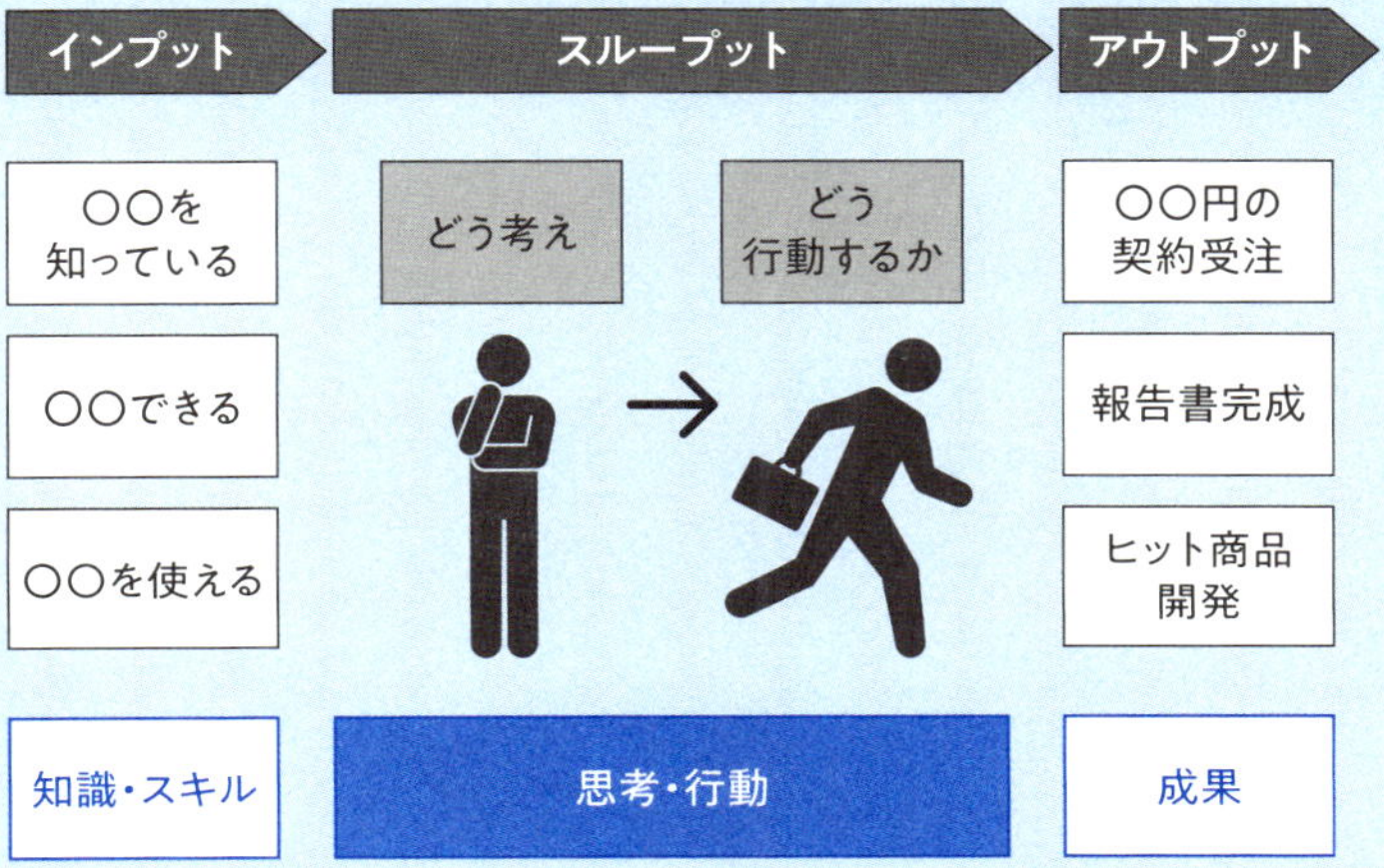

実は、一流のビジネスパーソンの思考と行動には、びっくりするくらい共通点があります。

会社、業界、職業、職種、職位、年次、世代、国、時代が違ったとしても、根っこは同じ。

だから、一流に共通する思考と行動を取り出してやってみれば、いつでも、どこでも、誰でも、成果につなげることができます。

「そうはいっても、一流の思考と行動なんて、なんだかとても難しそう。普通の人にはとてもできるようなものではないんじゃないの？」と心配になるかもしれません。

でも、大丈夫。

一流がやっていることそのものは、きわめて普通のことです。

これからお伝えするのは、いつでも、どこの会社でも、どんな仕事をしていても、高い成果につながることが証明された思考と行動の「**黄金律**」です。

一生ものの黄金律をこの本で手に入れてください。

はじめに

「勉強したことを実践しているのに、成果に結びつかない」
「一生懸命やっているのに、給与も役職も上がらない」
「あの人は評価されているのに、自分は評価されない」

本書は、こんな悩みを抱えるビジネスパーソンに向けて、一流の仕事をするための行動指針をお伝えするものです。

はじめまして。佐藤美和と申します。

私は、「株式会社ビービーエル」という会社の代表取締役で、人事戦略、組織開発、人材開発を専門とする経営コンサルタントを仕事にしています。

2023年には Asia Business Outlook 誌が選ぶ「アジアの組織開発コンサルタントトップ10」に日本から1人選出されました。

起業前は、アメリカン・エキスプレス、アーサーアンダーセン、ＩＢＭビジネスコンサルティングサービス（現日本ＩＢＭ）、日本ＧＥに勤務していました。30年にわたって、組織と人事の分野で働いてきたことになります。

私がこれまでにコンサルタントとして実際に関わった顧客企業は、延べ３０００社。日本を代表する企業や大手外資系企業が中心です。

本書の主題である「一流の思考と行動」については、1万人以上を分析してきました。1万人以上というのは、顧客企業の社員数の合計でも、名刺交換をした人数でも、研修受講者の延べ人数でもありません。実際に分析した人数です。

分析した人たちの所属企業、仕事の内容、職位などはさまざまです。

私のような組織・人事分野のコンサルタントが「一流の思考と行動」の分析をするのは、採用、昇進・昇格、評価、給与、育成の仕組みに取り入れるためです。

人事の専門用語では、一流の人のことを「ハイ・パフォーマー」、普通の人のことを「アベレージ・パフォーマー」と言います。

コンサルタントは、ハイ・パフォーマーの「行動」を観察し、そのあとで本人になぜその行動をとったのかを質問して掘り下げていき、行動の基になった「思考」を見つけます。

それをアベレージ・パフォーマーと比較して、ハイ・パフォーマーに特有の「思考」と「行動」を特定します。

これが、一流のビジネスパーソンの「思考」と「行動」の分析の基本的な流れです。


このようにたくさんの一流を分析してきたからこそ、わかったことが3つあります。

①一流の「思考」と「行動」には共通点がある
ハイ・パフォーマーにインタビューをすると、びっくりするほど、どの人からも同じような話が出てきます。勤め先や仕事の内容は違っているのにです。

それに、ハイ・パフォーマーは、社内異動でさまざまな部門に行ったり、転職したりしても、やっぱり一流としてずば抜けた成果を出し続けています。

このことから、一流の「思考」と「行動」は、いつでも、どこでも、どんな仕事でも成果を出せると言えます。

②一流の「思考」と「行動」は理に適っている

一流のすることとは、ビジネス理論やフレームワークに則っています。しかし、当の本人はそれらを特には意識していなかった、あるいはそんなものはまったく知らなかったということがよくあります。

一流は、自分で考えて正しい方向性を見つけ出せる人なのです。

③「行動」だけではなく「思考」も大事である

ときどき、自分自身で「私は一流だ！」と思っている人がいます。

その人が一流かどうかを決めるのは本人ではなく、周囲の人です。他人がその人の成果を見て一流だと認めてくれなければ、その人は「自称一流」でしかありません。

自称一流は、まじめに一生懸命働いているのになぜか成果を出せません。いいと信じてやっていることが、成果につながる道筋から少しズレているからです。

一流は、思考によって、今のこの状況に最適な道筋を見つけられるのに対し、自称一流は、道筋が正しいかどうかを見抜くのはあまり得意ではありません。

一流と自称一流の決定的な差は「思考」にあります。

この3つの発見から、本書は次の方針で書きました。

- ビジネスパーソンならば、誰にでも必要な「思考」と「行動」を50個に絞り、「一流の人はみんなこうやっていますよ」ということをまとめました。50個の選定にあたっては、仕事を教えてくれる人がそばにいない環境で働いている人が知りたいことや、今さら上司や先輩に聞くのは気が引けてしまうようなことを網羅しました。
- 一流の人がどう考えてビジネス理論やフレームワークと同じ行動にたどり着くのかを説明しました。裏を返すと、ビジネス理論やフレームワークがなぜ有効なのかがわかります。
- 行動の裏側にある思考の部分を解説して、自称一流や普通の人と、一流との違いがわかるようにしました。

これらに加えて一流のビジネスパーソンの印象に残るエピソードや実際に見聞きした場面を織り交ぜて、読者の皆さんに臨場感を持っていただき、一流の「思考」と「行動」を真似しやすいようにしました。

本書を書くにあたって大事にしたのは、読者の皆さんに実際に使ってもらえるものにすることです。

デスクの脇に置いて辞書のように参照する、研修テキストとして使う、新入社員の自習教材にする、なかなか成果を出せずに試行錯誤している部下、後輩、同僚に手渡してあげる、こんなふうに使ってください。

皆さんが一流のビジネスパーソンになるための一助となれば、うれしいです。

２０２４年10月　佐藤 美和

第1章

「質」を向上させる仕事術

第2章

効率よく進めるダンドリ術

第3章

問題解決のための思考法

第4章 意思や物事を明確に伝える説明力

第5章

仕事を円滑にするコミュニケーション術

第6章

チームをまとめるリーダー術

第7章

ビジネスパーソンを一流に変えるマインドセット

◎カバーデザイン 西垂水敦・岸恵里香（krran）
◎本文デザイン 二ノ宮匡（nixinc）
◎DTP 佐藤純（アスラン編集スタジオ）
◎校正 鴎来堂
◎企画協力 Jディスカヴァー

第1章

「質」を向上させる仕事術

1 メモの効果を利用する

一流はメモ魔です。会議はもちろん、上司とのちょっとした打ち合わせ、同僚との話し合いなど、どんなことでも、必ずメモをたくさんとっています。

スマホにはボイスメモがあり、Teams や Zoom などのオンライン会議システムには録画機能があるから、メモなんて必要ないと言う人がいますが、一流がメモにこだわるのにはちゃんとした理由があるのです。

メモをするという行為は、脳を活性化させます。

耳から入ってきた情報を右脳でイメージし、左脳で言語化するので、脳全体を使います。さらに、書くことは覚えることにつながります。脳は何度も入ってくる情報を重要なものと判断し、記憶にとどめます。口頭で住所を教えてもらったときなど、無意識のうちに何度も復唱してしまうのは、この脳のメカニズムを利用して記憶しようとしているからです。**聞いた内容を書いていくことは、復唱しているのと同じ効果があるのです。**
それに、書くスピードは話すスピードよりも遅いので、話を漏らさず書き留めるためには、記号化や図式化をしなければなりません。**記号や図式に置き換える過程で、自然と思考の整理も進みます。**

録音や録画をすることは失礼な行為だと考える人もいます。発言の一言一句をほぼそのまま文字にしてインタビュー録を作るのであれば別ですが、通常の会議を録音や録画するのは、はじめから話を聞く気がないのだと受け取る人がいるのです。
また、録音や録画が独り歩きして、思ってもいない形で、意図しない人に話が伝わってしまうリスクを考えなければなりません。

普段からメモをとる習慣がないと、いきなり書こうとしてもうまくいかないので、大事な会議で録音や録画ができなければ慌てることになります。また、録音や録画があると、あとから聞き直せるという安心感から、漫然と話を聞いてしまいがちです。こんなことも考えて、一流はたとえ録音や録画をしていたとしても、必ずメモをとっています。

少し込み入った話だったり、自分では今ひとつ理解が進まなかったと感じたら、会議終了後に、メモを頼りに内容をまとめ直します。こうすると、頭の中で会議を再現できるし、ひとつひとつの発言が、どこでどうつながって結論が出たのかを確認できます。

メモを頼りに会議の内容をまとめるというのは、議事録を作成するようなものです。

議事録作成は雑用だと思っている人もいますが、実は仕事を学ぶ絶好の機会です。

私が勤務していたコンサルティングファームでは、新人が最初に任される仕事は議事録作成でした。議事録を作成してみると、とても奥深い仕事だというのがわかります。会議の内容を正確に聞き取って、重要なポイントを抽出し、わかりやすくまとめるというのは、議論をちゃんと理解していなければ難しいものです。

実際、議事録作成は新人にとってはなかなか骨の折れる仕事で、提出すると先輩によって真っ赤に添削されて戻ってきます。しかし、めげずに書き続けていると、そのうちに赤文字が少なくなっていきます。それは、添削している先輩と同じレベルで議論を理解できるようになった証拠です。こうなると、会議に参加しても、他の出席者と互角に話し合うことができます。

ときどき「誰が何を言った」方式で会議の出席者の発言をそのまま書き留めている人がいます。会議の要点や決定事項をまとめた議事録よりも、国会会議録のような「発言録」のほうが、臨場感があっていいのではないかと考えるからです。しかし、国会会議録をちらっとでも見るとわかるように、発言録は書くのも読むのも時間がかかります。

試しに、生成ＡＩに発言録を基に、議事録を作成してもらったことがあります。確かによくまとまった文書ではありますが、発言録の「要約」にすぎず、決定事項や結論までの議論のプロセスがわかるようなものではありませんでした。このことからも、議事録は会議の内容をちゃんと理解して構造化できなければ作れないことがわかります。

一流のすることは、ひとつひとつにちゃんと理由があるのです。

【一流の基本】
会議や打ち合わせでは必ずメモをとる

2 資料はさっさと処分する

「ほらほら、去年の秋くらいに一緒に行ったセミナーあったでしょ？　あれは今やっているプロジェクトの参考になるんじゃない？　あのときにもらった資料、どこいったかな」

何時間もかけて必死に探す人がいる一方で、「はい、これです」とお目当ての資料をものの数分で出してくれる人がいます。

一流の思考と行動を分析するとき、その方の仕事ぶりが第三者の目にどう映っているのかを知るために、上司や同僚に話を聞くことがあります。そのときに、必ず出るのは**「一流は必要な資料をすぐに出してくる」**というエピソードです。

一流は皆、配布資料から自分で書いたメモに至るまで、紙の資料は基本的にすべてスキャンして、その後はシュレッダーにかけてしまいます。「基本的に」というのは、法令で原本の保管が義務付けられているものもあるからです。

とはいっても、２０２４年1月の電子帳簿保存法の施行で、電子データで保存できる書類は増えたので、ほとんどの資料は電子媒体で保存可能になりました。

「会議の配布資料は必ず紙で」という企業はいまだにたくさんあります。事前にメール添付で電子ファイルを送信しても、それを印刷して会議の場に持参する人もいます。こんな理由で、オフィスには紙の資料があふれています。

紙の資料は、ランダムに保管していては探すのに一苦労するし、整理整頓して保管するには、穴をあける、ファイルに綴じる、インデックスをつけるといった作業が必要になります。

さらにファイルが増えてワークスペースに保管しきれなくなると、年に何度かは、資料をひとつひとつ見返して、保管し続けるか破棄するかを決めなければなりません。外部倉庫を利用する方法もありますが、それはそれでコストがかかるので、やはり資料を見返して、倉庫に送るものを厳選することになります。

資料のファイリング作業は、頭脳も時間もたくさん使うのに何も生み出しません。

「電子媒体にするのなんていつでもできる。あとから紙の資料が必要になるかもしれないから、しばらくはそのまま取っておこう」と考える人がいます。

でも、現時点で使う予定がないものが時間を置いて必要になることは、まずありません。必要になったとしても、紙でなければならない理由はありません。万一、紙媒体が必要だったら、スキャンした資料を印刷すればいいだけです。いずれは電子化してシュレッダーするのなら、決断を先送りにせずに、すぐにやってしまうべきです。

ルールを決めて、電子化した資料をフォルダに保存しておけば、何度かクリックするだけでお目当てのファイルにたどり着けます。 ＯＣＲ（手書きや印刷された文字をスキャナなどで読みとって、デジタルの文字データにする方法）をかけておけば、キーワード検索だってできます。リモートでアクセスできるフォルダに保存すれば、急に在宅ワークをすることになっても、仕事が滞ることはありません。

もうひとつ、**電子化は情報セキュリティ対策としても有効です。**

資料にはさまざまなビジネス情報が載っています。会議で配付した資料には、限定されたメンバーだけに口頭で共有した情報の書き込みがあったりします。取引先名や担当者の氏名や連絡先などの個人情報が含まれている場合もあります。紙のままだと、こういう大切な情報が載った資料をうっかりどこかに置き忘れる可能性があります。

電子媒体にしてパスワード設定、暗号化、アクセス権限の付与などの対策を講じれば、情報漏洩リスクは低くなります。

だから、一流のデスクは、いつもきれいです。「ここ空席だったっけ?」と思うくらいに何も置いてありません。きれいなデスクで仕事をするのは気分がいいし、広々と使えるから仕事もはかどります。

ここまで考えて、すべての資料を電子化している一流はさすがです。

【一流の基本】
すべての資料は電子媒体で保管する

3

情報の落とし穴を回避せよ

企業研修で、受講者に事前レポートを提出していただくと、全員のレポートの内容がほとんど同じということが、ときどきあります。みんなで協力して一緒に書いたというわけではありません。どうしてこんなことが起こってしまうのでしょうか?

それは、インターネットでキーワード検索し、上位に表示されたページの内容を参考にレポートを書いたからです。インターネット上にあふれる情報を拾ってまとめてくれる生成ＡＩを使ってレポートを書いても、同じことが起こります。

インターネットは、瞬時に大量の情報にアクセスできるのでとても便利です。しかしその反面、インターネット上で手放しで信頼できる情報にたどり着ける確率は、非常に低いと言わざるを得ません。

情報には、一次情報、二次情報、三次情報の3種類があります。

一次情報は、情報発信している本人が直接体験したり調査したりして得た情報のことです。インターネット上では、e-Stat（政府統計ポータルサイト）や日本自動車工業会のような業界団体の公式ページに掲載されている統計データ、調査結果がこれにあたります。

二次情報は、ニュース記事や署名入りの記事など、一次情報を誰か他の人が加工や編集したものです。

三次情報は、二次情報を誰かがさらに加工したり編集したりしたもので、匿名でのブログやSNS上の投稿などです。情報源が不明なので信頼するのはちょっと考えものです。

一次情報を自分で読み解くには専門性や分析力が必要になります。そこで、たいていは二次情報を使うことになります。

二次情報には作成した人の意見や解釈が反映されているので、どんな人が発信しているのかを確認すべきです。当然ながら、素人が発信するものはあまり頼りになりません。

参考にすべきは、SME（Subject Matter Expert：サブジェクト・マター・エキスパート）と呼ばれる特定分野のエキスパート、つまり、一次情報にアクセスして、専門知識を基に分析し、読み解くことを仕事にしているその道のプロの人が発信する情報です。特に**収集する価値があるのは、自分にはない視点や専門性を持つSMEが発信する情報です。**

ドメインの最後にgo.jp（政府機関のサイト）、ac.jp（大学のサイト）がついているサイトには、専門機関が発信する信頼性の高い情報が掲載されています。あるいは、**検索ワードの後ろに「総研」や「シンクタンク」と入れると、彼らが提供する二次情報を入手できます。**

その他に**SMEの発信する二次情報を入手できる手段は、書籍、論文、記事、講演、セミナーです。**これらにはお金を払うことになりますが、それを仕事にして食べていけるだけの知見を持っているプロの見解なので、対価が発生するのは当然です。

「アクセス数が多いサイトは信頼できる」と言う人がいますが、検索上位だからといって、そのサイトが良質な情報を提供しているとは限りません。

Google や Yahoo! などの検索エンジンは広告収入で運営されているので、広告料を支払った企業やSEO対策に多額の投資をしているサイトが、目につきやすい場所に表示されるようになっています。また、閲覧者を自社サイトに誘導する目的で、情報の質を確認せずに他のサイトの情報を転載した「まとめサイト」もたくさんあります。

上位表示されるサイトは、そもそも広告目的だと思うくらいがちょうどいいでしょう。

また、SMEが自社のホームページやSNSで情報発信していることもありますが、お客さまから報酬をもらっているものと同じ情報をインターネット上で無料公開するというのは、あり得ないことだと容易に想像がつくでしょう。SMEがインターネット上で無料公開している情報は、その人のマーケティングツールであって、これまた広告目的なのです。

一流は誰でもこんな情報の性質を考えて、上手に活用しています。

【一流の基本】

情報はSMEから入手する

4 情報は惜しみなく共有する

一流は、自分の持っている情報は何でもチームで共有します。

何か有益な情報を手に入れたら、「これ、役に立つかもよ」と積極的にメンバーに教えます。

一流がこんな行動をとるのは、**情報は手に入れた瞬間から価値がなくなっていく**ことを知っているからです。

私たちが1日に受け取る情報量は江戸時代の人の1年分にも相当するとか、ここ10年で個人の受け取る情報量は530倍になったとか言われています。ニュースは通信社が発信した瞬間に世界中に広まるので、自分が入手するとほぼ同時に、他の人も同じ情報を手にしています。情報格差、つまり知っているか知らないかで優位性が決まる時代はもうとっくに終わっています。

しかし、組織の中を見渡すと、自分の持っている情報は絶対に他人には渡さない人がたくさんいます。むしろ、こちらのほうが主流かもしれません。

「丁寧に聞いてもスルーされる」「しぶしぶ教えてくれるけれど肝心なことには全然触れない」「手持ちの資料はすべて自分のパソコンのハードドライブに格納していて、内容とはまったく関係のないファイル名をつけて、誰にも見つけられないようにしている」

こうして情報を囲い込むことで、他人よりも優位な立場に立てると思っているからです。情報を絶対に人に渡さなければ、当然、他の人ではわからない仕事が発生します。そういう状況を意図的に作って、自分がいないと仕事は回っていかない、自分はデキるビジネスパーソンだと周囲に認めさせたいのです。

たとえてみると、情報は食材です。同じ食材で、何通りもの違う料理を作ることができますし、料理人の腕やセンスによっては、同じレシピで作った料理であっても、美味しさや見た目はまったく変わってきます。美味しく仕上げて食べることができてはじめて、食材は価値を発揮します。

みんなで協力して、鮮度と質の高い材料をそろえて融通し合い、調理や盛りつけに集中したほうが、ずっと価値のある料理を作ることができるのです。
情報を共有するのは、これと同じ考えからです。

でも、周囲が皆、情報を囲い込むことで自分の立場を優位にしようと思う人ばかりだったらどうしたらいいのでしょうか？
ある医薬品メーカーに勤める方は、自ら「情報共有の仕組み作り」を仕掛けました。**共有ドライブに自分の持っているファイルを格納**したり、「今日こんな役立つ情報を入手したよ」と**社内SNSに投稿**することを1人ではじめたのです。最初は「なんでこんな自分が損をするようなことをしているの？」と冷ややかに見ていた同僚ですが、その方が共有を続けているうちに、「たまには自分も協力しよう」と思う人が出てきました。そうして、自然発生的に仕組みになっていきました。

さらにその方は、部門の定例会議で時間をもらい、**「ベストプラクティス・シェアリング」**を行いました。「自分で言うのもなんだけど、これはうまくいった！」という事例について、なぜ成功したのか、何が大変でそれをどうやって乗り越えたのか、そのノウハウを共有したのです。

ソクラテスの言葉に「本は著者がとても苦労して身につけたことを、たやすく手に入れさせてくれるのだ」というものがありますが、「本」を「ベストプラクティス・シェアリング」、「著者」を「発表者」に置き換えると、まさに、この目的を言い表しています。

「次はどなたかやってくださいませんか？」と声をかけて誰かが手を挙げてくれれば、仕組みの出来上がりです。

その方はベストプラクティス・シェアリングの発表内容が巡り巡って社長の耳に入り、推薦で長年憧れていた部門への異動がかないました。

「情けは人の為ならず」ならぬ「情報共有は人の為ならず」ですね。

［一流の基本］
情報共有で自分にも他人にも利益をもたらす

5

メールの全方位にまで気を配る

ビジネスメールを送るときは、送信ボタンを押す前に本文を念入りにチェックします。誤字脱字がないか、レイアウトは読みやすいか、文章にわかりにくい部分はないか、句読点や記号などを正しく使用しているか、添付ファイルは正しいか。

「これで完璧。安心して送信できる」

と思いたいところですが、一流の気配りはこれだけでは終わりません。相手に失礼がないか、負担をかけないか、あらゆる角度から細部までチェックします。

メールの宛名の並び順については、絶対的な決まりがあるわけではありません。でも、宛名の順で、人間関係もビジネスも壊しかねないことがあるのです。

ある企業で1人の社員が送った1通のメールが、取引先とのちょっとした揉め事に発展したことがありました。

送信したメールの宛名が「経理部マネージャー（男性）→経営管理部シニアマネージャー（女性）」の順になっていたのが原因です。

このメールについて、取引先から「経営管理部よりも経理部のほうが上だと思っているのですか？　それとも、『男性→女性』という発想ですか？」と問い合わせが入ったのです。送信者にはそんなつもりは全然なかったのですが、そう言われてしまうと弁解の余地もありません。もしも役職順というルールで並べていれば、こういう事態は防げたはずです。

一流は、役職の高い順（例：部長→課長）、同じ役職ならば苗字の五十音順（例：相川→阿部→石塚）という具合に、**誰にでも納得してもらえる自分なりのルールを決めて宛名を入力します。**

映画のクレジット（エンドロールで表示されるキャストやスタッフの名前）の順番で揉めた、という話を聞いたことはないでしょうか。たかが名前の順番くらいと言ってはいられません。エンドロールは、主演俳優が最初で、最後は一番格上の俳優の名前がくるという業界の常識があるのです。このように何番目に名前が並ぶのかは、ビジネスでは、とても大事なことのひとつです。

メールの書き出しのあいさつ文も、定型文がふさわしいかどうかを都度考えます。

お客さまを訪問した直後に、「本日はお時間をいただきありがとうございました」といつも通りのあいさつを冒頭に入れてメールを送信したら、先方から丁重なお詫びの電話が入った場面に居合わせたことがあります。

実は先方の出席者の1人が緊急の要件でその会議を中座していました。その人は、メールでチクリと嫌味を言われたと受け取って慌てて電話をしてきたのです。

メールのタイトルは、一目で、こちらが伝えたいことがわかるようなものにします。

忙しいビジネスパーソンは、1日に数十〜数百通のメールを受信します。特に、役職が上の人ほど報告メールやCCメールが多いので、受信トレイはいつも未読メールであふれかえっています。

「【承認お願い】トナー発注について」や「（本文なし）A社からお礼電話あり。折り返し

不要」のように何の件なのか、アクションは要るのか不要なのかがタイトルだけでわかるメールは、受信者にとっては大変ありがたいものです。

添付ファイルは、モバイル端末でメールを見る人のことを最優先に考えます。

パスワードをかけたZipファイルはモバイル端末では解凍できません。Wi-Fiにつながらない環境では、容量の大きいファイルが添付されたメールを開くだけで、端末のバッテリーを大量に消費してしまいます。

クラウドストレージを使えるのであれば、そこに保存してリンクを送ります。

あらゆる状況を想定して、細部にまで心配りの行き届いた一流のメールには、いつも驚かされます。

［一流の基本］
メールは宛名順、タイトル、添付ファイルに至るまで注意を怠らない

6 会議資料は1枚にまとめる

「この資料、一体何キロあるんだろう?」

図表、根拠となるデータ、使用したデータベース、分析手法の説明、結論に至るまでの検討の過程を詳細に記した分厚い資料は、迫力満点です。資料を受け取った人は、そのインパクトに感動してくれるし、資料を作ったほうも、努力のすべてを披露できたという達成感を得られます。私も駆け出しのコンサルタントだった頃は、クライアントとの定例プロジェクトミーティングには、毎回分厚い資料を提出していました。

ところが、コンサルタントとしての経験を積み重ねるうちに、気づいたことがあります。それは、一流のコンサルタントたちは膨大な資料の内容をA4・1枚にまとめられるということです。

「ミリオンダラーピッチ(Million Dollar Pitch)」というコンサルティング用語がありま

す。**お客さまから1００万ドル（約1億5０００万円）のフィーをいただける1枚の資料を作れるのが優れたコンサルタントだということです。**

「資料1枚で1００万ドルってどれだけ美味しい仕事なんだ？」と思う人がいるかもしれませんので、誤解のないように言っておくと、資料1枚というのは、手を抜いて構わないということではありません。資料作りなんかに時間をかけるな、ということでもありません。

結論を端的に1枚にまとめられるまで、咀嚼《そしゃく》してお客さまに伝えるのが一流のコンサルタントだということです。

コンサルタントは、ひとつの結論を出すために非常に多くの時間をかけて分析や検討を行っています。だからそれをそのまま資料にすると、軽く数1００ページの分量になります。とはいえ、その分量のものをそのままお客さまに渡すのは怠慢と言わざるを得ません。

お客さまは結果に対してお金を支払ってくださるのだということを忘れるな、というのがミリオンダラーピッチが意味するところです。

分厚い資料を読んでもらうのは、相当な負担になります。読み手の集中力が続かなくて重要なポイントを見逃す可能性もあるし、最後まで読んでもらえないかもしれません。それを考えると、A4・1枚にまとめられた資料は、読み手にとって大変価値のあるものです。

トヨタでは、業務上の書類はすべてA3またはA4サイズの紙1枚に収める、という習慣が企業全体の文化として根づいているというのは、有名な話です。

報告書、企画書、会議の資料や議事録、打ち合わせ資料、プレゼン資料、スケジュール確認用のリスト、考課面談の記録……。あらゆる種類の書類、そしてどんなに複雑な内容の書類でも、トヨタは原則「紙1枚」です。紙1枚にまとめるようになってから、年400時間を超えていた残業時間は、ほぼゼロになったと言います。

紙1枚にするだけで、どうしてそんな効果が出るのでしょうか？

1枚の紙にまとめるのは、かなり大変なことです。必ず伝えたいこと（幹）だけを残して、周辺情報（枝葉）は切り捨ててしまわなければなりません。だから、**1枚に収めるた**

めの作業をすることで、内容に対する理解は自然と深まります。お陰でどんな質問をされても即答できるレベルになります。

資料を読む人は、厳選された情報だけが書かれている資料を見ることで、考えることに集中できます。だから、その場で結論を出せるのです。

とはいっても、いきなり資料を1枚だけにしたら、「これだけ？」と言われないか心配です。そんなときは、A4・1枚の「サマリー（要約）」を先頭に、その後ろにこれまで作っていた分厚い資料を「補足資料」として提出しましょう。

「サマリーがあるとわかりやすくていいね」と言われたら、「そうですよね！」と次回から提出はサマリー1枚だけにすることを提案してください。

［一流の基本］

ポイントがすぐにわかる資料を作る

第2章

効率よく進めるダンドリ術

7

仕事はリデザインからはじめる

一流のビジネスパーソンは皆「穏やか」です。部下や同僚に話しかけられたとき、「ちょっと、あとにして！」と言って、周りの空気をピリピリさせることもない。それでいて、仕事の品質は折り紙つき。同じ量の仕事を抱えているはずなのに、どうしてなのでしょうか？

いつも落ち着いていられるのは、「リデザイン」してから仕事に取りかかるからです。**仕事のリデザインとは、自分が抱えている仕事を分解して、進めやすいように「意味のあるかたまり」に仕分けすることです。**

ハンバーガーショップを例にして、仕事のリデザインを考えてみましょう。

バンズを生地からこねて店で焼く、こだわりのショップです。

ハンバーガーショップの仕事には、「調理」「接客」「清掃」という大きな仕事のカテゴ

■ハンバーガーショップの仕事のリデザイン

調理

- **バンズを焼く**

↓

- 具を挟む
- ケチャップを容器に入れる
- 材料を発注する

接客

- 注文をとる

↓

- 料理を提供する

↓

- 会計する
- 売上を記録する
- チラシを印刷する
- インスタをアップする

清掃

- 店内を掃除する
- 皿を洗う
- 清掃用具の支払いをする

矢印で結ばれているタスクは関連のあるタスク
青文字のタスクは独立したタスク

リーがあります。

さらに、「調理」という仕事は、「バンズを焼く」「具を挟む」「ケチャップを容器に入れる」などのタスクに分解できます。

この分解したタスクをよく見ると、他のタスクと関連のあるタスクと、独立したタスクがあることがわかります。

「バンズを焼く」というタスクが終わらないと「具を挟む」というタスクには取りかかれないので、2つのタスクは関連しています。

このような、**そのタスクが終わらなければ次のタスクに進めないタスクを「クリティカルパス」と言います。**

他方、「ケチャップを容器に入れる」と

いうタスクは、他のタスクが終わっていなくても行うことができる独立したタスクです。

このように仕事をタスクに分解してから、「関連のあるタスク」同士、「独立タスク」同士をまとめていきます。

「バンズを焼く」のような、クリティカルパスは、仕事全体のスケジュールや成果を左右する大事なタスクです。バンズが焼き上がらなければ、いつまで経ってもハンバーガーは完成しません。バンズを焦がしてしまったら、焼き直さなければなりません。予定の時間までに必要な個数のバンズを焼き上げることができなければ、売上に影響します。だから、**クリティカルパスは早め早めに、そして慎重に進めていきます。**

クリティカルパスを終えたら、よけておいた「独立タスク」に目を向けます。そして、**独立タスク同士に「作業の性質」や「必要なツール」などの共通点はないかを考えます。**

例えば、「調理」という仕事の中の「材料を発注する」、「接客」の中の「売上を記録する」、「清掃」の中の「清掃用具の支払いをする」といったタスクに共通するのは、「パソコンを使用する」ことです。

パソコンを立ち上げて、パスワードを入力し、画面を開くまでの時間は数分でも、積もり積もると結構な時間になります。ですから、**時間を有効に使うために共通点がある独立タスクはまとめて、**折り返しの電話連絡を待っている間、ランチタイムからディナータイムまでの少し暇な時間のような、**ちょっと手が空いたときにどんどんやってしまいます。**

「手作りチラシを印刷」しながら「インスタをアップする」というように、同時並行で行っても仕事の質にはあまり影響しない独立タスクは、「ながら仕事」をしてしまいます。

こうすれば、「やれどもやれども仕事が一向に減らない」とイライラする生活とはさよなら。いつでも穏やかでいられます。

［一流の基本］

仕事は、意味のあるかたまりごとに着手する

8 仕事を捨てる勇気

ある電機メーカーに、仕事をばっさばっさとアウトソーシングして、組織をスリムに改革した方がいます。「あの人が通ったあとはぺんぺん草も生えない」という冗談が交わされるほど、たくさんの仕事を外部に委託しました。

その結果、残ったのは、市場調査や業務プロセスの見直しなど、そのうちにやろうと思っていたけれど、つい後回しになってしまっていたことばかりです。

この方が作った「重要な仕事にだけリソースを集中投下できる環境」のお陰で、この組織は急成長を遂げました。

この方に限らず、一流に共通しているのは「捨てる仕事」の見極めに長けているということです。

「捨てる」と言うと少し乱暴に聞こえてしまいますが、これは、責任を放棄することでも、

■重要度×緊急度のマトリックス

	緊急	緊急ではない
重要	最優先でやる	じっくりやる
重要ではない	誰がやっても同じ（アウトソーシングする）	やめる（捨てる）

やりたくないことはやらないということでも、目立つ輝かしい仕事しかしないということでもありません。

人間は誰でも、時間、集中力、労力などのリソースは限られたものしか持っていません。たくさんやることがあると、どうしても急を要する仕事に気を取られてしまい、本当に重要なことが後回しになります。重要なタスクにリソースが枯渇している状態で取り組んでいては、本末転倒です。そうならないように、**重要度と緊急度で、拾う仕事と捨てる仕事を決めるのです。**

この考え方を**「アイゼンハワーの法則」**と言います。第34代アメリカ大統領のアイゼンハワーが「緊急なものが重要であることはほとんどなく、重要なものが緊急であることもほとんどない」と言ったことから、彼の名前をとってこう呼ばれています。

「重要」は、組織の目標の達成につながるタスク、「緊急」は、決められた時間内に完了できなければ困った事態に発展するタスクです。

この観点でタスクを４つの領域に分けていきます。


「重要×緊急」のタスクは、最優先で行います。

「重要×緊急ではない」のタスクは、「重要×緊急」のタスクの次に、じっくりと時間とリソースをかけて取り組みます。

「重要ではない×緊急」のタスクは、誰かがやらなければならないものの、誰がやっても成果は変わりません。アウトソーシングする、ツールに置き換える、交代制にするなどの対策を講じましょう。そして、できるだけ**「重要×緊急」と「重要×緊急ではない」タスクにリソースを集中させます。**

「重要ではない×緊急ではない」タスクは、今すぐやめます。

それぞれの領域にあてはまるタスクをよく見ると、「重要×緊急」はそれほど多くはないことがわかります。集中して取り組むべきは、「重要×緊急ではない」タスクです。

人一倍多くの仕事をやっている。それなのに、なぜかあまり評価してもらえない人の仕事を分析してみると、「重要ではない×緊急」と「重要ではない×緊急ではない」のタスクほど丁寧にやっています。なぜなら、他の人がやらないことを自分がやることで存在感を発揮できるかもしれない、重要ではないから失敗を恐れずに取り組めると考えるからです。そして、「重要×緊急」や「重要×緊急ではない」のタスクに取りかかる頃には、疲れている、じっくり考える時間がない、という状態でやっつけ仕事になってしまうのです。

本来は捨てるべき仕事ほど一生懸命にやっているのですから、大変気の毒ではありますが、高い成果にはつながりません。

【一流の基本】

仕事の本質を見極めて、重要な仕事に集中する

9 安正早楽

「えっ？　今、何をした？」
パソコン画面をスクリーンに投影しながらミーティングをしていると、議論の内容がその場で資料に反映されることがあります。
パソコンの持ち主が一流のときは、他の出席者からこんな感嘆の声がよく上がります。鮮やかに、そして一瞬でどんどん作業を進めていくさまを目の当たりにするからです。

私の見てきた一流はどの人も、ショートカットキーやエクセル関数をスムーズに使いこなします。

皆さんも活用していると思いますが、ショートカットキーを使えば、メニューを何度もクリックしたり、手をキーボードとマウスの間で行ったり来たりさせる必要がなくなります。また、エクセル関数を使えば、手作業だと数時間かかる膨大なデータ分析やチェックも数秒で、しかも正確に完了させられます。
だから、一流は資料作成や表計算にかける時間がとても短くて済むのです。

それに加えて、便利なソフトやアプリ、機能にも敏感で、どんどん取り入れます。
例えば、メールソフトのスケジューラーの予定を「会議」「作業時間」「移動」など種類別に色分けして一目瞭然にする。チームでスケジュールを共有して、ミーティングの日時調整をするときに、都度空き時間をメンバーに尋ねる必要がないようにする。このようなことはよく行っています。

会社のルールが許せばの話ですが、Todoist などのタスク管理に特化したソフト、EightやCAMCARDなどの名刺管理ツール、Slack や Chatwork のようなビジネスチャットツール、Zapier や AutoHotkey のようなよく使うキーボード操作を自動化できるツールを積極的に活用しています。

一流がこんなふうに仕事をするのは、常に「安正早楽」を追求しているからです。

■ よく使うショートカットキー（Windows）

操作	キー
すべて選択	Ctrl + A
コピー	Ctrl + C
切り取り	Ctrl + X
貼り付け	Ctrl + V
形式を選択して貼り付け	Ctrl + Alt + V
書式のみ貼り付け	Ctrl + Shift + V
直前の操作を取り消す	Ctrl + Z
取り消した操作を元に戻す	Ctrl + Y
上書き保存	Ctrl + S
表示画面を印刷する	Ctrl + P
拡大・縮小	Ctrl + マウスホイール
新規フォルダ作成	Ctrl + Shift + N
画面分割	⊞ + 横矢印

■ よく使うエクセル関数

操作	関数
合計する	SUM
平均する	AVERAGE
最大値・最小値	MAX・MIN
四捨五入する	ROUND
条件を設定する	IF・IFS
条件に合う数値を合計する	SUMIF
条件に合う数値を数える	COUNTIF
条件に合う値を探す	VLOOKUP
条件に合うセルを探す	XLOOKUP
個数を数える	COUNT・COUNTA
選択したセルのかけ算をする	PRODUCT
エラーを表示する	IFERROR
順位をつける	RANK
今日の日付を入力する	DATE

「安正早楽」とは、「安く」「正しく」「早く」「楽に」のことです。

もっとお金がかからない方法はないか（安く）
もっと正確にできないか（正しく）
もっとスピードアップできないか（早く）
もっと手間をかけずにできないか（楽に）

「安正早楽」によって節約したお金や時間は、仕事の質を高めることに使います。

例えば、文章を入力することよりも推敲《すいこう》に時間をかけるほうが、わかりやすい文書を作ることができます。ムダなコストを削ってお金に余裕ができれば、ホームページのデザインをウェブデザイナーに発注することだってできます。そうすれば自分で作るよりもずっとセンスのいいものになります。だから、一流の仕事は質が高いのです。

【一流の基本】
ツールで「安く」「正しく」「早く」「楽に」を実現する

10
忙しくしない

一流のスケジュール表には白い（予定が入っていない空白の）部分がたくさんあります。

「この人、あまり仕事してないんじゃない？」と疑いたくなるくらいです。

それよりも、文字通り真っ黒で、白いスロットはまったくないスケジュールのほうが、いかにもデキる人って感じがします。

しかし、こういう分刻みのスケジュールは、実はとても非効率なことを知っているから、一流はあえて白い部分を作っているのです。

白いスロットがないのは、すべての仕事が予定通りに進むものとしてスケジュールを組んでいるからです。

でも、物事はいつもそううまくは進みません。議論が白熱して会議が延びることもあるし、電車が遅れて予定の時間に目的地に到着できないことだってあります。**ひとつ予定が**

ズレると、ドミノ倒しのようにすべての予定が崩れていきます。

予定通りに進んだとしても、**常に時間に追われていると、どれだけ精力的な人でもストレスや疲労が溜まっていきます。**すると、集中力が低下して普段は絶対しないようなミスをしてしまう→ミスに対応する時間を捻出するために予定を再調整する→スケジュールがさらに真っ黒になってストレスや疲労が溜まる。こんな、悪循環に陥ってしまいます。

だから、一流は**予定の前後の時間は、念のために空けておきます。**

こうしておくと、急な仕事が入っても、時間の余裕はたくさんあるので、再調整が簡単にできるのです。

何より、「この会議、あと10分で終わってくれないと、次の予定に間に合わない」とイライラして話の内容に集中できない、なんてことはありません。だから、真っ黒なスケジュールの人に比べて、精神的にも余裕があります。

それに、**白いスロットはビジネスチャンスを引き寄せてくれます。**

ある飲料メーカーで、全国トップの営業成績を出し続けている方の話です。その企業では、営業は寸暇を惜しんで顧客訪問するという考え方が脈々と伝わっていて、営業担当者のスケジュールは真っ黒なのが常識です。

でも、その方は、スケジュールに白いスロットをたくさん作っています。顧客訪問の前後に、打ち合わせ内容の振り返りをしたり、今後の営業戦略を練ったりするためです。この余裕あるスケジュールのお陰で、毎回どう話を持っていくのかをしっかり考えてから臨むことができて、充実した商談をしています。

さらに打ち合わせ後に、お客さまから「ランチをご一緒しませんか?」「他部門の担当者をご紹介しますので、もう少しお時間いいですか?」と声をかけてもらえたときにも、迷わず「はい」と答えることができます。

また、気持ちにも余裕があるので、雑談の中に出てきたお子さんの運動会の日程を覚えていて、後日結果を尋ねることもあります。こんな対応をされると、お客さまは皆、その人のファンになります。

こうして人間関係を深め、人脈を広げていったことが、全国トップの営業成績につながったのです。

この方も新人の頃は、スケジュールを真っ黒にすることに充実感を得ていたそうです。

しかし、忙しい割には成果が挙がらず、疲弊するばかり。**量を追わずとも質を高めたほうが成約につながるのではないかと考えた結果、余裕をたっぷり持つスケジュールにたどり着いたのでした。**

もしもすべての仕事を予定通りに終えることができたら、白いスロットは正真正銘の「空き時間」になります。そのスロットでお茶を飲んで一息ついたり、いつもより早めに退社して趣味の時間を持ったりしましょう。ちゃんと予定通りに仕事を終えた自分のためにその時間を使ってあげてください。

［一流の基本］

スケジュールは余裕たっぷりに組む

11 メールはとにかくシンプルに

「メールには迅速に返信すべし」というのは、すっかりビジネス常識として定着しました。ポップアップ機能を活用して新着メールをキャッチし、数分以内に返信することを実践している人もいます。

「LINEと違ってメールは既読になったかどうかわからないから、返信があるまで相手はメールが届いたかどうか心配に違いない」という思いやりから、とりあえず、受信御礼のメールを送信する人もいます。

しかし、いくら返信が早くても、「メールを拝受しました。検討してご連絡します。取り急ぎの御礼とご報告まで」というメールでは意味がありません。なぜなら、このメールによって、進む仕事は何ひとつないからです。

そもそも、なぜメールはすぐに返信することが望ましいとされるのでしょうか？

ビジネスメールをやりとりするのは、「仕事を次に進めていいかどうかの確認」のためです。

来月休暇をとることを承認してほしい、方向性が間違っていないか確認したい、不在中にきた電話に折り返してほしい、来週の会議に出席してほしい……。メール送信の目的はさまざまでも、こちらの要望や質問に対して、「ＯＫ」「この件は終了していい」「このまま進めていい」「ダメ。考え直して」など、相手の反応によって、次のアクションを決めたいのです。

一流は、この目的がわかっているから、次のアクションを早く確実に進められるようなメールを返します。それを突き詰めていったら、一瞬で読み終えることができるシンプルなメールに落ち着くのです。

だから、**本文には結論だけ。分量は１～３行くらい。**

よく知っている相手であれば、「お疲れさまです」や「よろしくお願いします」などのあいさつ文さえありません。メールの署名も新規と返信で使い分けていて、返信メールの署名には名前しかありません。

これは、**パソコンでもスマホでもスクロールなしで10秒以内に読むことができるように、読み落としがないように、余計な言葉が誤解を生まないように、という配慮からです。**

ずいぶんと素っ気ないメールだという印象を受けるかもしれませんが、普段からいい人間関係を心がけていれば、シンプルなメールが原因で受信者との間にわだかまりができることはありません。

はじめてやりとりをする相手や、「必要最低限のことしか書いてくれないなんて、自分は嫌われているのかな？」と気にするかもしれない相手だったら、**「要件のみにて」のひと言を添えておきます。**そして、顔を合わせる機会に、シンプルな返信をする理由について説明すればいいのです。

受信するメールは即断できる内容のものばかりではありません。締切間近の仕事を抱えていて、メールをちゃんと読んでいる余裕はないことだってあります。こんなときは、**「〇〇日に回答します」と返信します。**いつ結論をもらえるのかさえわかれば、相手はその心づもりで他の仕事を進められるからです。

ある部下からのメールに、思わず「メールの要件は何ですか？」と電話をしてしまった上司がいました。

そのメールには、季節のあいさつと日頃の感謝を丁寧につづったあとに、本題が長文で書かれていました。印刷するとA4・1枚半くらいの分量です。これではちょっとしたネット記事を読むようなものです。正直言って、読むのは少しつらいです。

その上司は部下に、メールには要件を1文だけ、説明が長くなりそうなときは、メールではなく直接話しにくるようにと指導したそうです。

メールの返信ひとつにしても、考え抜いた究極の形にしている一流はどこか違うと言わざるを得ません。

【一流の基本】
メールは結論のみを10秒で読めるように書く

12

オンもオフも関係なく「今」やるべきことをする

コロナ禍以前は、リモートワークはあまり一般的ではなく、仕事は社内でするものでした。スマホやタブレットを会社から貸与されているのは一部の人だけ。個人所有のものは、セキュリティの観点から業務には使用できません。

もっと前にさかのぼると、現代の常識ではちょっと想像しにくいかもしれませんが、企業では主にデスクトップパソコンを使っていました。

そんな環境では、一歩会社を出たら翌日出社するまで、仕事の情報からは隔離されます。自宅にいたらメールにはアクセスできないし、よっぽど緊急のことがない限り、プライベートの電話やメールに連絡が入ることはありません。

会社にいるときはオン、家にいるときはオフと、今いる場所によって仕事とプライベートの区別は自然にできていました。

ところが、コロナ禍を契機にリモートワークが普及し、またモバイルテクノロジーのお陰で、誰でも時間や場所を気にせずに、仕事ができるようになりました。働きやすくなった代わりに、オンとオフは意識しないと切り替えることができなくなりました。

フレックスタイム、在宅勤務、育児休暇などの制度や、長時間労働や休日出勤が当たり前にならない風土作りなど、企業側のワークライフバランスを実現するための取り組みは、かなり定着してきました。でも、オンとオフの区別をつけるのが難しいという人は、案外たくさんいます。

「一歩会社を出たらオフ」と自分で決めたとしても、メールやチャットの着信音が鳴ればどうしても見てしまいます。メッセージを見たら、既読スルーするわけにもいかず、返信してしまいます。もしも緊急連絡が入ったらと思うと、電源をオフにすることもできません。気になる仕事があるときは、ついつい家でやってしまいます。こうして、オンとオフの境目はどんどんなくなっていきます。

ワークライフバランスが難しいと思う理由のひとつに、「バランス」という言葉にひっぱられて、ワークとライフを50対50にしなければならないと考えてしまうことがあるのではないでしょうか。それで、ワークの時間がライフの時間をちょっと侵食しているなと思うと、「これじゃいけない！」と悩んでしまうのです。

「仕事もプライベートも『生もの』を最優先にしてきただけ。特にワークライフバランスは意識したことはありません」

これは、「ワークライフバランスの秘訣は何か？」という質問に対する、大手企業の要職を歴任されてきたある方の答えです。

「生もの」とは、「どうしても今やらなければならないこと」をその方が独自の表現にしたものです。スピードが大事な決断、最近ちょっと元気がない部下の話を聞くこと、ライブを観に行くこと、家族の記念日などが「生もの」にあたります。オンなのかオフなのかにかかわらず、「生もの」を優先してきたら、自然に仕事もプライベートも充実したと言うのです。

その方は、必要であれば休日でも仕事をするけれど、ライブに行く日には絶対に定時に帰るし、家族の記念日と会議が重なっていたら迷わず休暇をとるという具合に、そのときどきで一番大事にしたいことを最優先してきたそうです。

この方に限らず、一流は総じて、**オンとオフの時間をあまりきっちり分けていません。オンかオフかに関係なく、スケジュールの中にやるべきことを組み込んで、順々にやっていくだけです。1日の中だけではなく、長い目で見てワークライフバランスがとれればいいと考える**ので、育児休暇や勉強のための休職もためらわずにとりますが、仕事に重点を置きたいときはそこに注力します。

そうすることで、トータルでワークもライフも充実できればいいのではないでしょうか？

だから一流は皆、オンとオフの間をシームレスに行ったり来たりしているのです。

［一流の基本］

オンとオフの境目をあいまいにする

第3章

問題解決のための思考法

13 最初に「何を考えるのか」を考える

会議の席で、「いやいやそういうことじゃないんだよ」「ちょっとポイントズレてない？」「それで結論は何？」と出席者の多くが上司からダメ出しされる中、一流だけは皆が思わず「ほーぅ」とうなずくいい意見を出します。これは、**テーマに取り組む前に「何を考えるのか」（＝論点）を考えているからです。**

例えば、「夏休みの旅行」がテーマだとしたら、このテーマの中に、「どこに行くのか？」「どんな交通手段で行くのか？」「何泊するのか？」など、考えなければならないことがいくつかあります。これが論点です。

「夏休みの旅行」というテーマに対する直接的な答えはありませんが、「どこに行くのか？」という論点に対しては「石垣島に行く」という具体的な答えがあります。

■ テーマと論点

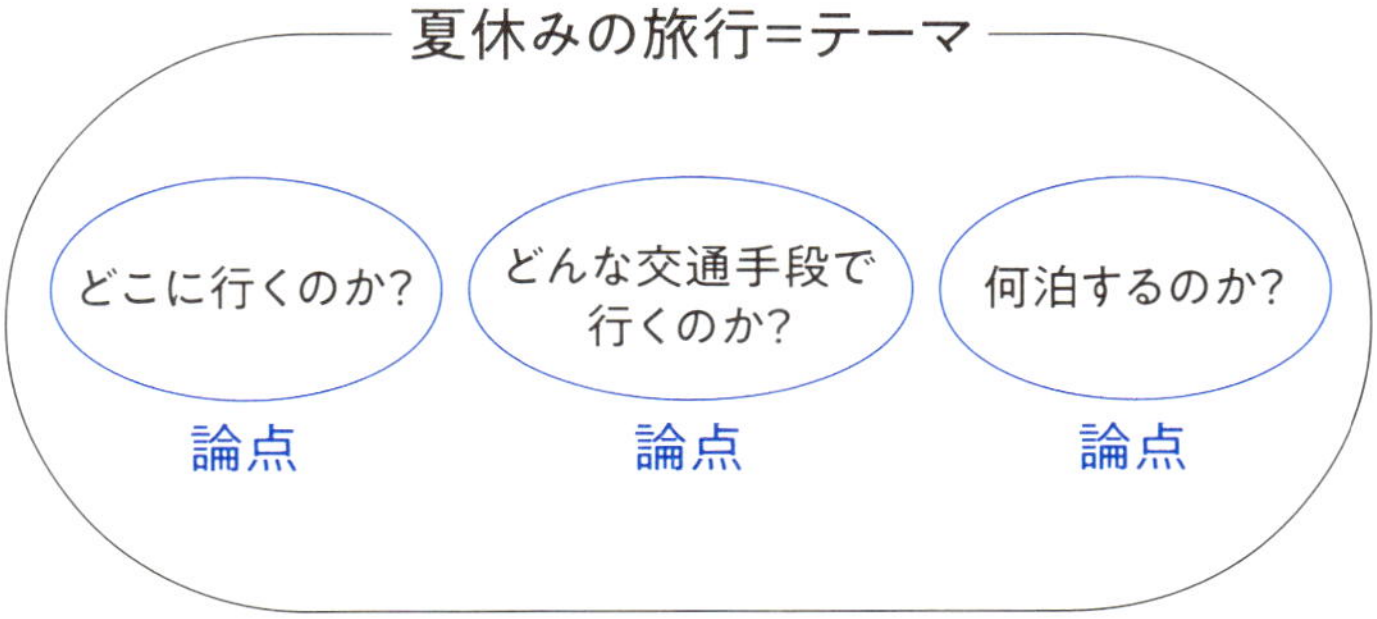

テーマの中にたくさんの論点がある
論点は「答えを出そうとする問い」

テーマをもらって、そのまま考えはじめると、頭の中にいろんなことが次々と浮かんでは消えていきます。

「飛行機のマイレージはどのくらい貯まっていたっけ？」「荷物が多いから空港まで車で行くと楽だな。でも、帰りの運転はつらいよ」「そういえばスーツケースを買い替えなくちゃ」……。こんなことが、どんどん出てくるから、考えはまとまりません。

そこで、一流は考える前に、論点を決めて、その答えだけを考えます。だから、考えが堂々巡りすることなく、結論にたどり着くことができるのです。

夏休みの旅行というテーマについては、「石垣島ではどこのホテルに泊まるのか?」のように**疑問形で論点を定めます。**人は問いかけられるとその答えを考えようとするので、予算やロケーションなどの条件を決める、条件に合うホテルを探す、空室状況を調べる、といったように、結論に向かって考えはどんどん進んで行きます。

答えが出たら、それが論点にちゃんと答えているかどうかをチェックします。

「石垣島ではどこのホテルに泊まるのか?」という論点に対して「オーバーツーリズムの影響で宿泊代が高騰している」という結論だったら、まったく答えにはなっていません。もし誰かに質問をしてこんな返事が返ってきたら、「おいおい、冗談でしょ?」と突っ込みたくなるでしょう。

こんなふうに「なんだかおかしいな」と思ったら、それは論点についてちゃんと考えられていないということです。こういうときは、最初からやり直します。

上司からの指示はたいてい「リモートワークについて考えておいてよ」のようにテーマ

だけが与えられます。**指示された部下の仕事は、論点を考えるところからはじまります。**「リモートワークを継続するか？」「出社日を設けるか？」「チーム内のコミュニケーションをどう図るか？」などリモートワークに関する論点を洗い出して、ひとつずつ答えを出していきます。すべての論点に対する答えをまとめれば、リモートワークについての提案の出来上がりです。

一流に「問題解決で一番大切なことは何ですか？」と質問をすると、ほとんどの方が「論点」と答えます。**「いい論点さえ設定できれば、問題は90％解決したようなものだ」**とも言います。

論点を大事にして、考え抜くことができるのが一流なのです。

【一流の基本】
「論点」を明確にしてから答えを出す

14 仮説検証を積み重ねる

「仕事ができる方って、さぞかしテンプレートをたくさんお持ちなのでしょうね」

ときどきこういう不思議な質問をする人がいます。質問者が言うテンプレートとは、事象をあてはめればポンッと答えが出てくる公式のようなもののようです。

はっきり言いますが、そんなものはどこにもありません。こういう質問が出るのは、優れた成果を出してくれるパターンがどこかに存在すると思い込んでいるからではないでしょうか。

今はＶＵＣＡ（ブーカ）の時代です。ＶＵＣＡとは、Volatility＝変動性、Uncertainty＝不確実性、Complexity＝複雑性、Ambiguity＝あいまい性の頭文字をとったもので、「目まぐるしいスピードで変転し、予測するのが難しい」という意味です。ビジネス環境はどんどん変化しています。業界・業種や仕事の内容を問わず、**過去にうまくいったやり方が**

今回もうまくいくわけではありません。誰でも、その都度、自分で、ゼロから、地道に、解決策を考えるしかないのです。

一流はいつでも、**「仮説思考」**で問題を解決します。

仮説とは、多分これが原因ではないかという「アタリ」のことです。正しさの感覚でいうと60%くらい。これが正しいとは言い切れないけれど、それほど外れてはいないと感じるものが仮説だと思ってください。

仮説を試しにやってみて、「これが正解だ！」という確証を得られたら、本格的に取り組む。ちょっと違うとわかったら、また別の仮説を考えてやってみる。これが仮説思考です。

例えば、ある菓子メーカーで看板商品であるロングセラーのお菓子の売上が急に落ちてきたという問題の解決を任されたとします。最初にすることは、どうして看板商品が売れなくなったのか、「アタリ」をつけることです。

消費者に飽きられたからじゃないのかな？　お菓子で飽きるといえば味かな？　という仮説を立てたら、地域・季節限定で新しい味を販売して結果を検証します。新しい味の商品がヒットすれば仮説は正しいと証明されるので、「お菓子の味が消費者の好みに合わなくなってきた」ことが売れなくなった原因だということになります。ヒットしなければ、この仮説はハズレです。値段が高い？　カロリーが高い？　古臭いイメージ？　と、仮説を考え直しては検証することを繰り返していきます。

ちょっと回り道に見えますが、一流はこのやり方が、少しずつではあるものの、着実に解決に近づいていく方法だとわかっているので、手間を惜しみません。

よくある失敗パターンは、「エイヤ」でやることです。「エイヤ」とは、思いつきと気合で、あれも、これも、それもと、片っ端からやってみることです。

ロングセラー商品の売上が急に落ちてきた。さあ大変と、パッケージのデザインを一新する、CMを増やす、オリジナルグッズが当たるキャンペーンをする、という具合に、頭に浮かんだことをどんどん実行に移します。でも、**パッと思いつくことでうまく問題が解決するのなら、誰も苦労はしません。**「エイヤ」のアプローチは、忙しく働いているのに、なかなか報われることがないのです。

努力が報われないのは嫌だから、一発でバシッと問題解決したい、と情報収集に明け暮れる人がいます。パッケージデザインと売上向上の関係についての研究結果を探したり、オリジナルグッズ制作業者をネット検索して、リストを作成したりします。そうしているうちに、調べることに充実感を覚えるようになり、情報収集の無限ループにハマってしまいます。

情報をたくさん集めても、それだけでは解決しません。そこで、そろそろ何かしないといけないと、思いついたことをいろいろやってみます。

これでは、「エイヤ」と同じ、いいえ、時間や労力をたくさんかけた分「エイヤ」よりも、たちが悪いです。

一流と言えども、神様でも魔法使いでもありません。

一流は「仮説思考」で、忍耐強く仕事をしています。

［一流の基本］

問題を解決するには仮説思考で少しずつ前に進む

15 常識や過去の経験にとらわれない

ビジネスプランコンテスト（ビジコン）を知っているでしょうか？

企業が若手社員の発想を新規事業につなげることや、政府や地方自治体などが面白い事業計画を持つ企業に資金支援をすることを目的に実施するアイデアコンテストです。

でも、斬新なアイデアはなかなか出てきません。どれもどこかで見たようなものの焼き直しで、目から鱗が落ちるようなものはめったにありません。

人は、これまでの経験、知識、個人の価値観をよりどころとして、物事を考えるからです。これを**「トレンド思考」**と言います。

斬新なアイデアを出すためには、トレンド思考とは反対の**「ゼロベース思考」**が必要です。**過去の経験や知識、常識、社会的な規範、成功体験などをすべて取り払って、まっさらから柔軟に考えるのです。**

ゼロベース思考でビジネスの危機を乗り切った事例に、新幹線のビジネス車両がありま す。

ビジネス車両とは、JR東海では「S Work車両」、JR東日本では「TRAIN DESK」という名称の、移動時間にオフィスや自宅と同じように仕事ができる車両のことです。

コロナ禍で出張がなくなったため、新幹線の利用客は激減し、JR東海もJR東日本も2021年、2022年と2期連続での最終赤字。オンライン会議やテレワークの浸透で、コロナ収束後も新幹線需要が元の水準に戻るとは考えにくいという状況でした。

トレンド思考では、新幹線の競合は、飛行機、車、長距離バスといった他の交通手段です。でも、ゼロベース思考で、これからの新幹線の競合は通信インフラだという考えに至ったことが成功につながりました。

私は出張で新幹線のぞみをよく利用しますが、S Work車両である7号車はいつも満席です。

どうしたら、ゼロベース思考ができるのでしょうか?

一流がよく使うやり方のひとつに**「ブレインストーミング」**（ブレスト）があります。

ブレインは「脳」、ストーミングは「嵐を起こす」。脳内に嵐を起こして、あちこちに落ちているアイデアのかけらを拾い集めるのです。

ブレストの基本ルールは3つ。**批判厳禁、質より量、変てこなアイデア大歓迎です。**

1人では10個のアイデアしか出せなかったとしても、4～5名でやれば、他の人のアイデアに乗っかって100個以上出せたりするものです。ブレストをすると発想は広がります。

大勢でブレストをするときは、メンバーに変なことを言う人だと思われるのは嫌だと、アイデアを出すのを躊躇する人がいたり、声の大きい人にひっぱられてしまうことがあります。そういう事態を避けるには、ポストイットに無記名でアイデアを書いてもらいます。こうすれば、メンバーのブレストに対する心理的なハードルは低くなります。

アイデアが出つくしたら、全部のアイデアを「できる」という前提で検討していきます。ときどき、せっかく出た斬新なアイデアを、「前にも同じようなことをやったけど失敗した」「お金がたくさんかかるから無理だ」というように、できない理由を探して潰してしまう人がいます。しかし、枠を狭めてしまっては新しいものは生まれません。

ブレストを行いたくても、上司の理解、メンバーの協力、場所や時間の確保が難しいことがあります。

そんなとき、**一流はよく1人でブレストをします。**そして、**アイデアを出しつくしたところで、そのアイデアを違う視点から評価してくれそうな人のところに行って意見を聞き、考えを深めます。**

「私のブレスト仲間を紹介します」「今度是非ブレストしましょうよ」

一流の口からは、よくこんな言葉が出てきます。一流が常識をくつがえすようなアイデアを出せるのは、日頃からこうしてゼロベース思考をしているからなのです。

［一流の基本］

新しいアイデアを出したいときはゼロベース思考をする

16 言語化して思考を深める

人によって定義や解釈が異なる言葉を「あいまい語」と言います。

一流の話は、誰が聞いても解釈にブレがありません。あいまいな言葉を使わないからです。

「状況を慎重に判断しながら、真に必要な支援に努めていきます」

ビジネスの場ではときどき、こういうことを言う人がいますが、何かいいことを言っているように見えても、内容はありません。

「状況を慎重に判断する」のは、当たり前のこと。「真に必要な支援」って、何をするの？　今の支援は的外れってこと？　今の支援は継続するのか、それともやめるのか？　あいまいなところがたくさんあり過ぎて、いかにも「この人考えてないな」という感じがしてしまいます。

■よく使われるあいまい語

何をするのかがあいまい	・努力する　・がんばる　・目指す ・努める　・徹底する
誰が主体なのかがあいまい	・支援する　・助言する　・協力する ・調整する
範囲があいまい	・など
やるのかやらないのかがあいまい	・可能な限り　・できるだけ　・極力 ・必要に応じて　・なるべく
どこまでやるのかがあいまい	・効率化する　・明確化する　・強化する ・安定化する　・共有化する　・向上する ・推進する　・図る　・検討する ・考慮する　・勘案する
どうやるのかがあいまい	・積極的に　・臨機応変に　・前向きに ・迅速に　・協調して

「あいまい語」は、便利です。抽象的なので、誰かに反論されたとしても、「いやいや、私が言いたいのはそういうことではありませんよ」と収めることができます。解釈に幅があるので、もしも相手が好意的に受け取ってくれたら、いいことを言ったことになります。言い切ることをしないので、決定を先送りにできます。

だから、よくわからないとき、特に意見はないとき、苦し紛れにでも何かを言わなければならないとき、つい考えることから逃げて、あいまい語を使ってしまうのです。

ある化学メーカーの部門長は、ときどき社員を呼んで、上司から部の方針についてどのように聞いているのかを直接尋ねてみるそうです。社員の話があいまい語だらけだったら、すぐに、その上司を呼びます。

まず、**部下にどう説明したのかを再現してもらい、その中に出てきたあいまい語を5W1H（When「いつ」、Where「どこで」、Who「誰が」、What「何を」、Why「なぜ」、How「どうやって」）を手がかりにひとつずつ、考えてもらいます。**

「状況を慎重に判断しながら、真に必要な支援に努めていきます」

この説明の「慎重に」「真に必要な」「支援」「努める」はあいまい語です。

「努める」というのは、

When：いつやるの？

Where：どの部門のどの業務の話？

Who：担当は誰？

What：何をするの？

Why：どうしてそれをするの？

How：どうやってやるの？

こんな感じで、言わんとしていることをはっきりさせていきます。

部門長とのこの話し合いは部内で「絞られミーティング」と呼ばれていて、管理職たちは、非常に嫌がっていました。しかし、回を重ねるごとに、**あいまい言葉をなくすと考えが深まり、何をするのかがはっきりする**ことがわかってきました。それに、部下への説明もしやすくなることに気づいたのです。そして、管理職たちは、ここまでしてくれる部門長に感謝するとともに、忙しい部門長にこれ以上時間を割いてもらうのは申し訳ないと、自らあいまい語を見つけては5W1Hで考えるようになったのです。そうすると、部下たちもこれにならいはじめました。そして、この部門は高い業績を出せるようになったのです。「あいまい語」をきっかけに部門全体の意識も変えてしまう一流には驚かされます。

［一流の基本］

あいまい語を見つけて考えを深める

17

根本にある原因は何か？

“The last straw breaks the camel's back”（最後のわらがラクダの背骨を折る）という英語のことわざがあります。

ラクダの背中にどんどんと荷物を背負わせたあげく、わら1本なら軽いからまだいけるだろうと載せたところ、ついに重荷に耐えかねてラクダの背骨が折れてしまいました、という話です。

このことわざは「我慢の限界」のような意味で使われますが、仕事の問題解決に置き換えて読んでみても、なかなか示唆に富んでいます。

ある企業で、数カ月にわたって、一部の管理職に時間外手当（残業代）を誤って支給していたことが発覚しました。管理職に昇進した方を残業代支給対象から外していなかったことが原因です。

もちろん、すぐに対象の方にお詫びをし、払い過ぎた残業代を返してもらう手続きをしました。それから、何度も社内会議を開き、再発防止について話し合いました。その結果、給与振込額のデータを金融機関に送信した社員が厳重注意を受けました。

この話は、最後のわらと同じです。ラクダの背骨が折れたのは最後にもう1本わらを載せたからですが、本当の原因はわらを載せる前にラクダの背中に荷物を積み過ぎたことにあります。

残業代誤支給は、誤ったデータを金融機関に送ったから発生したことに間違いはありません。しかし、データを作成する前の給与計算プロセスのどこかに、そもそもの原因があるはずです。この対応では、また同じミスは起こります。**根っこの原因である「真因」を洗い出して、取り除かなければ本当に解決したことにはなりません。**

目の前の火を消したとしても、火種がまだどこかに残っている状態だからです。

そこで、「なぜ新任管理職が残業代支給対象のままになっていたの？」「なぜ従業員データと給与データのリンクがされていなかったの？」「なぜ人事データのチェックを定期的にやっていなかったの？」と質問を繰り返して、問題の原因を探っていきます。

問題解決にあたるとき、一流に共通する姿勢があります。それは、「『私（たち）』を主語にする」「主観を入れない」「個人のせいにしない」の3つです。

「私（たち）」を主語にするのは、他責ではなく自責で考えるためです。

こういうときは、ついつい「給与計算チームは新人ばかりだ」のように環境のせいにしてしまいがちです。でも、組織や環境に文句を言うだけで、自分たちで改善できることを見つけなければ、何の対処もできません。「私たちが新人だけで仕事を完結する体制にしていた」という原因を見つけられれば、解決につながる方策を考えられます。

主観を入れないのは、感情や印象ではなく、事実に基づいて原因分析を行うためです。

「給与計算業務は緊張を強いられるハードな業務だ」というのは感情です。誰でも自分が担当している業務は重要で大変だと思いたいものです。

「担当者の○○さんは細かい作業に向いていない」というのは印象です。細かい作業に適性があるかないかは人によって見方が異なります。

本当に給与計算が緊張を強いられるハードな業務だったとしても、本当に担当者が細かい作業に向いていなかったとしても、そのこととエラーに因果関係があるとは限りません。

個人のせいにしないのは、犯人捜しをしないためです。

計算を間違えた人を特定して「今後は絶対に間違えないようにしてください」と厳しく注意したところで、今度は他の人がミスをするかもしれません。「ダブルチェックをしていなかった」のように体制やプロセスに原因はないかを考えるべきです。

一流は、このようにして問題を確実に解決していきます。

［一流の基本］

問題の「火種」を見つけて自分（たち）で取り除く

18 数字のトリックにはまるな

仕事は意思決定の連続です。方向性を決める、経費を承認する、など、毎日いくつもの意思決定を積み重ねています。

意思決定するときに、判断のよりどころとして**定量情報（数値で表せる情報）**があれば、安心できます。数字は具体的なので根拠としてはわかりやすいからです。

しかし、一流は総じて、**定量情報をそのまま信頼することはしません。**その数字がどこからどうやって出てきたものなのかを確認してからでないと、それを使うことはありません。

A：「月収30万円」とB：「年収５００万円」とでは、どちらのほうがいい条件だと思いますか？

多くの人は、B：「年収５００万円」と答えるのではないでしょうか。30万円と５００万円では一桁違うので年収で表したほうが、給与が高い印象を受けます。ところが、年間の固定賞与が5カ月（夏と冬それぞれ2・5カ月）だとすると、Aの年収は510万円、Bの月収は29万円ちょっとで、Aのほうが条件はいいことになります。

このように、提供者が自分に有利に働くような見せ方で数字を出していることがあります。

売上高成長率200％とうたっていても、昨年3月創業の会社であれば、来期の売上高のデータを見ないと、急成長を遂げているとは言えません。

定量情報だからといって手放しで信用するのは、ちょっと考えものです。

一流が皆「数字を見たらまず疑え」を実践しているのはこれが理由です。

一流が数字をチェックするときの視点は、次の3つです。

①割合は絶対数に置き換える

調査結果には、（n＝xx）という形で、必ずサンプル数（調査人数）が示されています。

同じ顧客満足度99％でも、100人に対する調査（n＝100）ならば、満足している人は99人で不満足なのは1人です。10000人に対する調査（n＝10000）ならば、満足している人は9900人で不満足なのは100人です。100人が満足していないというのは、ちょっと見過ごせない数字です。不満足と答えた理由をもう少し調べてから、購入するかどうかを判断したいところです。

②計算方法を確認する

全体の傾向を把握するのによく使われるのが、「平均値」です。しかし、10人の回答者のうち9人が10点満点の10点をつけているのに、1人だけが1点をつけていたら、平均点は91÷10＝9・1になります。これでは、たった1人の低い評価にひっぱられて、正しい傾向を表しているとは言えません。

こういう全体の傾向から外れた値がある場合は、点数の高い順に並べた真ん中の値である「中央値」、または、最も多い点数である「最頻値」を見た方が正しい傾向がつかめます。「中央値」と「最頻値」で回答者の評価を見ると、どちらも10点満点中10点となります。

③データソースに注意を払う

広告であるにもかかわらず、それを隠していい商品であるというデータを示すのが、「ステルスマーケティング（ステマ）」です。ステマは、2023年10月1日から景品表示法違反となりました。

ステマとまでは言えなくても、自分が意図する結果になるように工夫を施した調査結果はよくあります。特定の地域や特定の属性の人だけに回答してもらう、いい結果になるように質問項目や回答の選択肢を限定するなどです。

どこかに小さい字で「自社調べ」と表記されているものは、こんな工夫がされていないかを確認したほうがいいでしょう。

信頼できる調査結果は、回答者がどんな人なのか、どうやって回答者を選んだのか、どんな質問にどんな形式（選択肢、自由回答など）で答えてもらったのかなど、調査の詳細を公開しています。

【一流の基本】
数字は必ず背景を確認してから使う

19

「大前提」を確認する

一般の人が詐欺の受け子を見抜いて通報し、逮捕に貢献したというニュースがありました。

通報した人が、団体職員を名乗って訪問してきた犯人を怪しいと見抜いたのは、スーツにサンダル履きだったからです。

「団体職員は仕事で他人の家を訪問するときはスーツに革靴で来る」というのが一般常識です。この**判断のよりどころになること（大前提）**に、「目の前に現れた人はスーツにサンダル履きだ」という**事実（小前提）を照らし合わせたら**、「この人は団体職員のはずはない」という**「結論」になる**のです。

やっかいなのは、**大前提はたいてい「隠れている」**ことです。

受け子のニュースを聞いて、誰に説明されるまでもなく「なるほど、それは怪しい」と

■ 大前提、小前提、結論

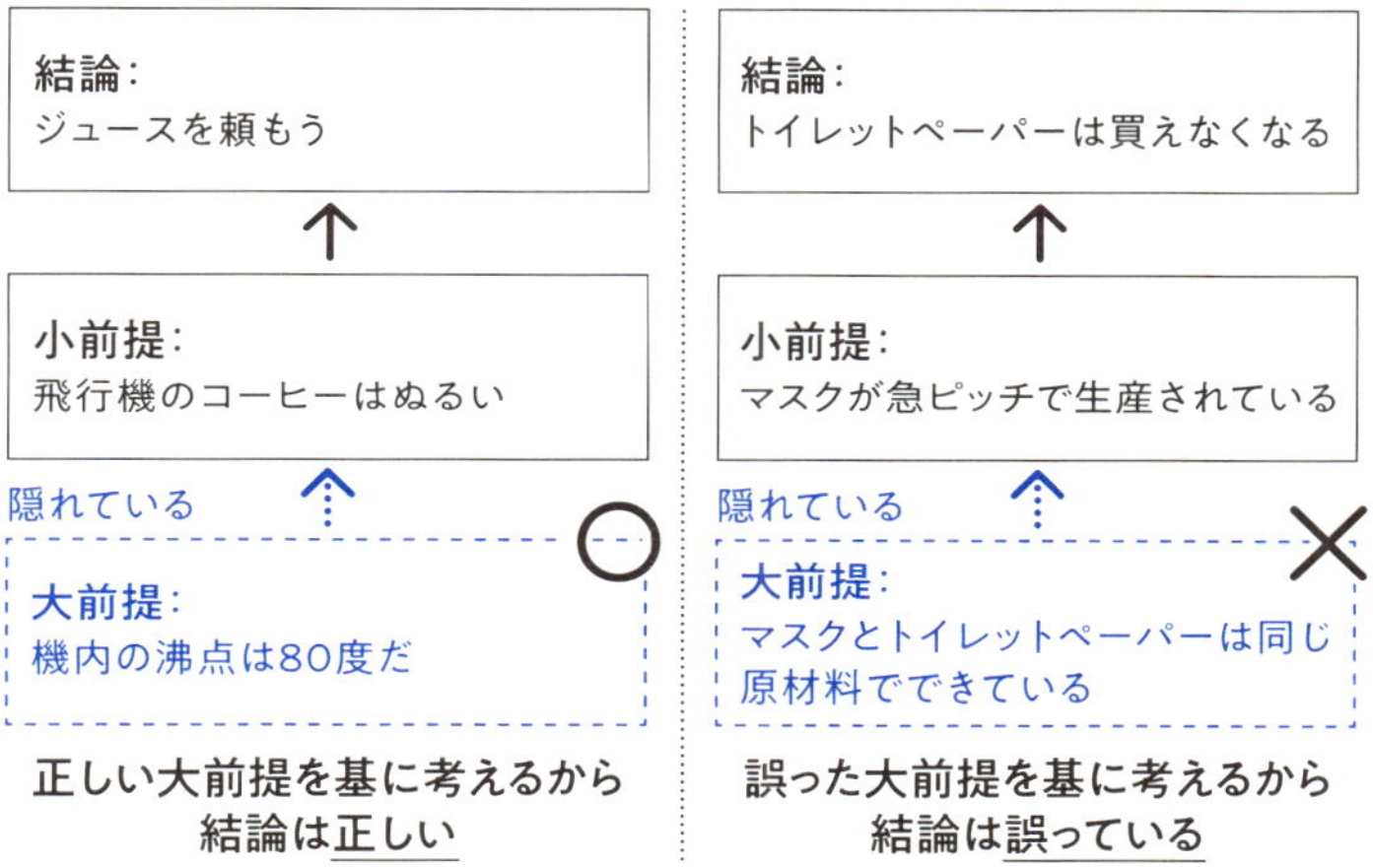
結論：
ジュースを頼もう
小前提：
飛行機のコーヒーはぬるい
隠れている
大前提：
機内の沸点は80度だ
正しい大前提を基に考えるから
結論は正しい
結論：
トイレットペーパーは買えなくなる
小前提：
マスクが急ピッチで生産されている
隠れている
大前提：
マスクとトイレットペーパーは同じ
原材料でできている
誤った大前提を基に考えるから
結論は誤っている

思うのは、「団体職員はスーツに革靴」が正しいという常識が大前提になっているからです。

でも、子どもがこのニュースを聞いたら、どうしてスーツにサンダル履きの人は怪しいのかが、わからないかもしれません。その子の中に「団体職員はスーツに革靴」という常識が存在しないからです。

このように、**隠れている大前提を確認しておかないと、判断が食い違ってしまうことがあります。**

例えば、「飛行機ではぬるいコーヒーが出てくる（小前提）から、ジュースを頼もう（結論）」と言ったとき、相手がなぜ？

という顔をしていたら、「機内の沸点は80度である」という大前提を相手は知らないということです。

正しい大前提に照らした判断だということを説明すると相手はすんなりと納得してくれます。

大前提が誤っていれば、結論も誤っています。

２０２０年はじめに新型コロナウィルスが拡大しはじめた頃、ドラッグストアの前にトイレットペーパーを求める長蛇の列ができたのを覚えているでしょうか?

「トイレットペーパーはもうすぐ生産されなくなる」という誤った情報がＳＮＳで拡散されたことが、この騒動のきっかけでした。ついには、業界団体や政府が「トイレットペーパーは品切れになることはない」と、消費者に買いだめをしないように呼びかける異常な事態にまで発展したのです。

この情報の小前提は、「新型コロナウィルス感染予防対策のために、マスクを急ピッチで製造している」というものでした。隠れている大前提は、「マスクとトイレットペーパーは同じ原材料からできている」というものです。だから、「トイレットペーパーの原材料はすべてマスク製造に回される」という結論になったのです。
しかし、トイレットペーパーの原材料は紙パルプ、不織布マスクの原材料はポリプロピレンです。いくらマスクを最優先で製造すると言っても、トイレットペーパーの原材料でマスクを作ることはできません。間違った大前提に基づく結論なので、これはフェイクニュースだったのです。

一流はおしなべて、隠れている大前提を意識していつでも仕事をしています。だから、意見の食い違いにも対処できるし、誤った情報に振り回されることもありません。

【一流の基本】
隠れた大前提を常に意識する

第4章

意思や物事を明確に伝える説明力

20 読み手の思考をナビゲートするプレゼン資料

一流が作るプレゼン資料に共通していることは、見た目は地味だけれど、読み手がスムーズに読み進められる法則で貫かれていることです。

プレゼン資料を作成するときに一流が最も気にかけるのは、**説明を聞かなくても正しく意図が伝わるかどうかです。**

ほとんどのプレゼンの目的は、相手に何らかの意思決定をしてもらうことです。意思決定に関わる人全員がプレゼンに出席できるケースは少なく、たいていの場合は、一度持ち帰って、検討することになります。そのとき欠席者には、口頭での補足説明なしに資料だけが渡ると思って間違いありません。読みにくかったり、ポイントが伝わりにくい資料は、誤解につながることもあり、正しい意思決定を妨げてしまいます。

一流は、ここまで予測して、読むだけでもこちらの言いたいことがちゃんと伝わる構造

■ 資料レイアウトイメージ

プレゼン資料の作り方（24pt）

- **フォントはひとつ**（18pt）
  - フォントは読みやすいものを選んで資料全体を通して使う（16pt）
    - メイリオ、游ゴシック、ヒラギノ角ゴシックが読みやすい（12pt）
- **色は２色**（18pt）
  - 基本の文章を書く色と強調したい箇所に使う色を決める（16pt）
    - 補色でなくても構わない（12pt）
- **写真や図表は最低限**（18pt）
  - ないとわかりにくいものだけを厳選する（16pt）
    - 視覚的な情報は記憶に残りやすく、読者の注意が本題からそれる（12pt）

のプレゼン資料を作成します。

フォントは、読みやすいものをひとつ選んで、資料全体を通して同じものを使います。

一般に読みやすいと言われているのは、Windowsならば**メイリオ**や**游ゴシック**、Macならば**ヒラギノ角ゴシック**です。ユニバーサルデザインフォント（視覚障害者を含む多くの人が読みやすいように設計されたフォント）の**UD新ゴ**もよく使われます。

フォントサイズは記載内容の性質で使い分けます。例えば、タイトルは24pt、見出しは18pt、本文は16pt、補足説明は12pt、という具合です。

ブランディングの観点から、組織でフォントのルールが決まっている場合は、それに従ってください。

カラフルで美しい資料は目を引くので、つい写真やイラストをたくさん入れたくなってしまいますが、一流の作る資料は、**色は2色、写真や図表は最低限が原則です。**色は、基本の文章を書く色と、資料の中で強調したい箇所に使う色の2つで十分です。2色を選ぶのなら、補色（色相環《しきそうかん》で正反対に位置する関係の色の組み合わせ）がいいと言われたりしますが、正直言ってどの色でも構いません。作成する人がデザインのプロではない限り、読み手は資料にセンスの良さは求めていないからです。

どこが基本の文章で、どこが強調したい部分なのかを、はっきりと識別できさえすれば、色の組み合わせはダサくてもまったく問題ありません。

企業イメージや商品写真が重要なプレゼン資料だったら、その部分はプロに依頼するのが最良の方法です。

写真や図表は、「これがないとわかりにくい」というものだけを厳選して挿入します。

視覚的な情報は記憶に残りやすいので、読者の注意が本題からそれてしまうからです。「あったほうがいい」レベルのものは、思い切って取り除きます。

こんな法則で貫かれた資料は、説明がなかったとしても途中で読み手が迷子になることはありません。

【一流の基本】
プレゼン資料は、作成者の思考の流れが伝わるように作成する

21

話の順番はTPO次第

新人の頃は「とにかく結論から話しなさい」と教わります。

有名な話し方のフレームワークに、**Point（結論）→Reason（理由）→Example（具体例）→Point（結論）の順に話す**というものがあります。これは、それぞれの頭文字を取って**「PREP法」**と呼ばれています。

「結論は××です。理由は3点あります。ひとつ目は○○○、具体的には△△△。2つ目は○○○、……以上××でした」と話すのがこの方法です。

PREP法は、大変にわかりやすく話すことができる構造ですが、万能というわけではありません。

例えば次のような場合です。

「来月末まで採用の仕事を手伝ってくれる人を給与チームから誰か1名出してください

（Point：結論）。

採用チームだけでは手が足りないのです（Reason：理由）。

昨年度の2倍の人数を目標に新卒採用を行っていて、今の採用チームが総出で選考業務をしたとしても時間が足りないという試算なんです（Example：具体例）。

だから、来月末まで採用の仕事を手伝ってくれる人を給与チームから誰か1名出してください（Point：結論）。」

給与チームのリーダーにＰＲＥＰ法でお願いをした人は、ぴしゃりと断られて、意気消沈して戻ってきました。

このお願いをするのには、結論から話すことは適していなかったからです。

ＰＲＥＰ法は「相手と自分が同じ土俵に立っている」ことを前提とした話し方です。

同じ土俵に立つとは、相手も自分もこれから話すトピックについて共通の認識があることです。会議で「次は○○についての報告です」という前置きがあってから発言する場合や、上司に「○○の件どうなった？」と聞かれてそれに答えるような場合がこれにあたります。

こういうときは、相手の頭の中に「〇〇は」という主語があるから、「××です」という述語にあたる結論から話しても、納得してもらえるのです。

ところが、それ以外の場合は、自分が今から話そうとしていることを相手も考えているとは限りません。

「結論のあとで、理由と具体例をちゃんと話してるじゃないか」と言いたいところですが、給与チームのリーダーのように、最初に結論を聞いたところで「はぁ？　そんなの無理に決まっている」と思ってしまうと、そのあとの理由や具体例は頭に入ってこなくなります。

であれば、次のような伝え方をすれば相手に理解してもらえそうです。

「今日は、なんとか新卒採用を乗り切るべく、他のチームの協力を得られないかと思ってご相談のお時間をいただきました。

社長の年初のスピーチに今年は採用人数を倍増するという話があったのを覚えていますか？　今年の新卒採用人数は、昨年度の2倍です。業務量が2倍になったわけで、ご想像の通り、採用チームは手が足りません。今の採用チーム総出で選考業務をしたとしても時間が足りないという試算なんです。

だから、来月末まで給与チームの誰か1名に採用業務を手伝ってもらえないでしょうか？

よろしくお願いします」

この話し方は、まず、**「これからこんなことを話しますよ」**と予告をして、**相手に話の土俵を示します。**それから、**背景を丁寧に説明して土俵に上がってきてもらいます。**そして、**同じ土俵に立ったところで、結論を述べています。**

相手は、こちらの話の背景や理由を順を追って理解できるし、話を聞いているうちに、お願いの内容（結論）を予測できるので、拒絶感も和らぎます。

一流は各フレームワークがどんなときに使うと有効か理解していて、時と場合、内容、相手に合わせて使い分けています。だから、いつでも成果を出せるのです。

［一流の基本］
状況に合わせた構成で話す

22

自分の話したいことは後回し

仕事をしている以上、絶対に避けて通れないもののひとつにプレゼンがあります。

「私は事務系の仕事だからプレゼンすることはありません」と言う人がいますが、大勢の聴衆を前に壇上で行うものだけがプレゼンではありません。チームミーティングでの発表、朝礼での1分間スピーチ、上司への報告、同僚に自分が休暇の間の仕事のサポートを頼む、これらすべてが大きな意味でのプレゼンです。

プレゼンに苦手意識を持っているビジネスパーソンはとても多い。というよりも、プレゼンが大好きな人などいないと断言してもいいくらいです。

プレゼンが嫌いな最大の理由は、聞き手の反応が怖いことです。居眠りをする、スマホに夢中になっている、時計ばかり見ている……。目の前でこんなことをされたら、誰だって心が折れてしまいます。そして、相手の様子にばかり気を取られて、頭は真っ白になり、焦って話が支離滅裂になる、なんてことになってしまうのです。

聞き手がプレゼンを聞いてくれない理由はたったひとつ。「話の内容に興味がない」からです。

人は、自分の聞きたい話しか聞かない生き物です。

相手が話しはじめると、聞き手は頭の中でそれを聞くかどうかの選別を行います。**「自分に関係のある話だ」「面白そう」「しっかり聞いておかないとあとで困るかも」と思ったら耳を傾けます。**しかし、そうでなければ、いくら旬のテーマでも、しゃべりがうまくても、聞いてはもらえません。

学生時代、あくびを噛み殺しながら授業を聞いていたのに、先生が「これから話す内容は試験に出ます」と言った瞬間、眠気などどこかに吹っ飛んでしまい、話に聞き入ったという経験はありませんか？　これは聞き手である自分が、「この話は聞きたい！」と判断したからです。

プレゼンを聞いてもらうには、聞き手のスイッチを入れることが必要です。

そのために、一流は、**相手が知りたいことを予測して、数パターンのプレゼンを準備しておきます。**

ある家電メーカーでロボット掃除機の担当をしている方は、量販店に応援販売に行くとき、小さい子どもがいる人には安全性、ペットを飼っている人には吸引力、コスパ重視の人には価格、というように、相手の立場やニーズを想像して、いくつかのネタを準備しています。

実は、その方は開発畑の出身で、本当は製品技術の専門的なことや開発の裏話をしたいのです。でも、自分の気持ちをぐっと抑えて、そんな話は一切しません。一般ユーザーが興味を持つのは、ロボット掃除機を買ったら、自分に一体どんないいことがあるのかということだけだからです。

「勝手にお掃除してくれるから、帰宅したら家中ピカピカですよ」と切り出して、「聞きたい！」と思ってもらえたら、お客さまの表情を見たり、質問をしたりして、聞き手のスイッチを見つけて、それに合った話を続けます。

一流に共通しているのは、時間をかけて準備したネタであっても、聞き手が知りたいこと以外は、「使わない」と判断して、潔くばっさりと捨ててしまうことです。コスパの話を聞いて「これ買いたい」と思っているところに、「安全性については折り紙つきだ」ということを伝えたいがために、膨大なテストの詳細や、テストで発見した課題をどう解決したのかを延々と話しはじめたら、聞き手の気持ちは醒めてしまいます。

一流のプレゼンがいつでも成功するのは、聞き手のことだけを考えているからということにつきます。

［一流の基本］
相手が知りたいことだけを話す

23 ストーリーで語れ

ある専門サービス企業からプレゼン研修の依頼を受けました。

「今度、法改正についての外部向けセミナーをするのですが、前回のセミナーのアンケートの評価があまりにも低かったんです。だから、ＴＥＤトークみたいなプレゼンができるようにしてください。今回は絶対にいい評価をもらえるようにしたいんです」と担当者は言います。

ＴＥＤ（Technology Entertainment Design）は、世界の著名人による講演（プレゼン）を開催・配信しているアメリカの非営利団体です。ビル・ゲイツやスティーブ・ジョブズ、日本からは堀江貴文さんや落合陽一さんなどが登壇されています。

このＴＥＤでのプレゼンのような話し方をＴＥＤトークと言います。

ＴＥＤトークの特徴は、聞き手を魅了するわかりやすい話し方にあります。自信にあふれる態度、親しみやすい笑顔、メリハリのある話し方、印象に残るジェスチャーには、誰でも感銘を受けます。

私に研修を依頼した担当者は、法律や制度のような固い話を、アニメーションや動画を使ったスライドを投影して、声を高めたり低めたり、話し手が壇上を動き回ったり、そんなプレゼンができれば、聴衆から高い評価をもらえるはずだと考えていました。

前回のセミナーの録画を見せてもらうと、細かい文字がびっしりと書かれた投影スライドを前に、どの話し手もずっと下を向いて、原稿を一字一句読み上げていました。

なるほど、これでは聞き手が退屈するのも無理ありません。

しかし、その中に1人だけ、ぐっとひきつけられるプレゼンをする方がいたのです。その方のプレゼンは他の人と同じで、派手さやエンターテイメントの要素は皆無。むしろ訥々《とつとつ》とした話しぶりで、話し方はお世辞にも上手とは言えません。

でも、その方の**プレゼンにはストーリーがありました。**

学生の頃、歴史年表を眺めていてもさっぱり覚えられなかったのに、歴史小説は夢中で読めて、出来事がよく覚えられたということはないでしょうか？　ストーリーには人をひきつけ、記憶にとどめる力があります。

実際に、**単なる事実だけを伝えるよりも、ストーリーを伝えるほうが最大22倍記憶に残りやすくなる、**というスタンフォード大学の研究結果があります。

TEDトークは、話し方が上手なことに加えて、ストーリーがわかりやすくて魅力的です。もしも、**プレゼンで「話し方」か「ストーリー」のどちらかだけに力を注げるというう究極の2択であれば、ストーリーを選んだほうが、いいプレゼンになります。**

そういった観点から次のセミナーに向けては、ストーリーに重点を置くことにしました。

ストーリーの作成にあたっては、レッドブルのCMを参考にしました。**相手をひきつけて自分の主張を受け入れてもらうという意味では、CMもプレゼンも同じだからです。**

レッドブルのCMにはいろんなバージョンがありますが、ストーリーは共通しています。最初に主人公が「日常」を送っている様子がアニメーションで描かれます。そこに「事件」が起こります。主人公はレッドブルを飲んで授かった翼によって「難を逃れ」ます。

そして「翼をさずける」という有名なキャッチコピーが流れます。

今回のセミナーでは、今の法律はどうなっているのか（日常）、制度変更が検討されるきっかけになった出来事（事件）、制度はどう変わるのか（難を逃れる）の順に話を組み立て、最後はその企業のサービスがいかに価値を提供するか（翼を授ける）を示して終わりという構成にしました。

結果は、「専門的な内容なのにとてもわかりやすかった」「話し手が制度改正について非常によく分析していることがわかった」と、アンケートではとても高い評価を得ることができました。

素晴らしいストーリーに、インパクトの強い話し方を掛け合わせるからこそ、効果が出るのです。

［一流の基本］

プレゼンではストーリーを最優先する

24

難しいことはたとえ話に

一流の説明を聞くと、よくこんなにわかりやすく話せるものだなといつも感心してしまいます。特に、経済、経営、法律、哲学、テクノロジーなど、「難しそう」と敬遠されがちな話題のとき、一流の説明力は本領を発揮します。

一流は人が物事を理解するメカニズムに合わせて、話を組み立てるからです。

人は、情報を受信すると自分の脳内にあるデータベースと照合します。脳内のデータベースとは、自分がこれまでに勉強したことや経験したことを蓄積してある事典のようなものだと思ってください。**受信した情報が脳内データベースで見つかれば「わかった！」、見つからなければ「わからない！」となります。**

海外ニュースをネイティブの言語で聞くと、当然ながらまったく内容はわかりません。

しかし、話の中に「柔道」のように海外で通用する日本語が出てきたら、その言葉だけは理解することができます。これは、柔道という言葉は自分の脳内データベースにあるけれど、ニュースで話されている言語は脳内データベースにないからです。

だから、一流は相手が難しいと感じるだろうと思うことは、**相手の脳内データベースにある言葉、知識、経験に置き換えた話で説明します。**この方法を**「アナロジー（類推）」**と言います。

先日、私はパソコンを購入しました。そのとき、どのくらいのCPUが搭載されたものにするかで非常に悩みました。

CPUは「パソコンの頭脳」のようなもので、CPUの高いパソコンほど動きが速いということはなんとなくわかります。でも、「コア数」「スレッド数」「クロック速度」と言われると、お手上げです。

そんな中、VAIOの説明に目が留まりました。

VAIOは、「コア数」「スレッド数」「クロック速度」をレストランのシェフにたとえて説明していたのです。

『コア数』は、キッチンにいる料理人の数です。

ひとつのコアは1人のシェフに相当し、複数のコアがあるCPUは、複数のシェフがいる状態です。デュアルコアであれば2人、クアッドコアは4人のシェフがいることを意味します。シェフが多いほど料理（タスク）を同時に多く作る（処理する）ことができます。

『スレッド数』は、シェフが使うコンロの数のようなものです。

シェフ（コア）が複数のコンロを使って同時に複数の料理を作るように、各コアは複数のスレッドを同時に処理することができます。

『クロック速度』は、シェフがどれだけ速く料理を作るかを示すものです。

高いクロック速度は、シェフが素早く動いて料理（タスク）を早く完成させることを意味します。

さて、大変有能なシェフですが、大きな弱点があります。熱さに弱いのです。熱くなると、ばててしまうことで本来の力が出せず、料理を作る効率（クロック速度）が落ちてしまいます。

ＶＡＩＯ独自の技術ならその弱点を克服することができます。先ほどの例でたとえるなら、キッチンの熱換気（放熱）がしっかりされているため、シェフがばてることなく、スピードを維持でき、より高いパフォーマンスを出すことができるのです」

これなら、文系の私にもよくわかります。誰の脳内データベースにでもある言葉で説明してくれているからです。

専門家から見ると、この説明には気になるところはいっぱいあるかもしれません。しかし、専門知識のない人に、やっぱりCPUの高いパソコンを買うべきで、VAIOはその弱点も克服しているいい製品なんだということをわかってもらえれば、それで目的は達成です。

相手の脳内データベースに合わせて、専門的な話をこれほどまでにわかりやすく話せる一流の説明力には、いつも感心させられます。

【一流の基本】
専門的なことは相手の知っている事柄や言葉で説明する

25

言いにくいことほどはっきり言う

「うわー、気が重いな」
先輩のミスを指摘する、懇意にしている取引先にクレームを言う、他部門の怖い人の仕事にダメ出しをする……。仕事だとは思うものの、言いにくいことを相手に伝えるのはやっぱり嫌なものです。定年延長や継続雇用制度で、これからは元上司に言いにくいことを言う立場になることだって十分に考えられます。そんなことは考えただけで腰が引けてしまいます。

言いにくいことは、相手を傷つけないような言葉や、遠回しな表現を使うと、少しは言いやすくなるものです。

例えば、自社に熱心に何度も通ってきて、とても好感が持てる営業担当者がいたとします。でも、残念なことに自社にはニーズがなかったら、どう断りますか?

「その商品は当社には必要ありません。購入することは決してありません。いくら熱く語ってもムダです。二度と来ないでください」とは、さすがに言えません。

「とても素晴らしい商品ですね。社内で検討してみます」と耳当たりのいいことを言って、その場を乗り切ってしまいがちです。

自分では、やんわりと断ったつもりでも、相手からしてみると「検討する」と言われたら、数日後には「ご検討状況いかがでしょうか?」と連絡するのは当然です。その都度「まだ検討中です」と言ってやり過ごしても、いつかははっきりと断らなければなりません。

こちらが断る前に、相手が察してくれたとしても「『素晴らしい商品』『検討する』と言ってたのは嘘なのか！　その気がないなら早くそう言ってよ。これまでの時間を返してほしい！」というのが、偽らざる気持ちでしょう。

言いにくいことを遠回しに言うことを「オブラートに包む」と表現しますが、オブラートに包み過ぎると真意が見えなくなって、かえって人間関係を悪くします。

一流は、**言いにくいことほどストレートに伝えます。**それでいて、相手の気分を害したり、関係にひびが入ったりはしません。

本題に入る前に、「本当に残念なのですが」「申し上げにくいのですが」「ご期待に添えなくて心苦しいのですが」などの前置きをします。これを**クッション言葉**と言います。

クッション言葉は、陶器を箱に詰めるときに使う緩衝材と同じ役割をします。この前置きで、相手は「ネガティブな話なんだな」と心づもりができるので、**このあとに続く厳しい話が与える衝撃を緩和することができます。**

ただし、**褒め言葉をクッション言葉にしてはいけません。**

「御社の商品は本当に素晴らしい。あなたの熱意のこもったお話には大変心を動かされました。しかし、当社では購入を見送ることにしました」と言われたら、「素晴らしくて、心を動かされたのに、なぜ買ってくれないの？」と思いませんか？

断る側は相手に配慮したつもりでも、クッション言葉と本題の内容に矛盾があると、不誠実な感じがします。その結果、こちらへの信頼そのものが揺らいでしまいます。

クッション言葉を伝えたら、言いにくい結論をはっきり言ってしまいます。それから、相手のこれまでの努力に対する賛辞を送りましょう。

例えば、

「ご期待に添えなくて心苦しいのですが、当社では購入を見送ることにしました。残念ながら当社のニーズには合いませんでしたが、御社の商品は本当に素晴らしいと思います。それに、○○さまの熱意のこもったお話には大変心を動かされました。当社とは今回ご縁がありませんでしたが、これにめげずに引き続きがんばってください。個人として応援しています」

こう言われたら、断られた相手も気持ちよくこちらの決定を受け入れてくれるでしょう。

一流と一緒に仕事をしたい人が社内にも社外にも多いのは、こんなストレートだけれど思いやりいっぱいの断り方にも理由があります。

［一流の基本］

相手に歓迎されない話は、傷つけない心配りを交えながらストレートに伝える

26

相手を傷つけずに主張する

「データ入力くらい自分でやってもらえますか？　私はもっと付加価値のある仕事に集中したいので」と上司が部下から仕事を突き返された。

お客さまから契約に含まれていない仕事を頼まれたので断ったら、「契約したことしかできないとは、けしからん！」と激高された。

どちらも本当にあった話です。こんなとき、どうしますか？

どう考えても相手の言うことに無理があると思いますが、それでも「はい、わかりました」と二つ返事で引き受けてしまう人がいます。無茶苦茶な依頼にもちゃんと応えることで、相手からは感謝される。そして、この善い行いがいつか巡り巡って自分に戻ってくると考えるからです。

理不尽な依頼を引き受けたところで、相手は特に感謝などしてくれません。相手はこちらがやって当然だと思うから、こんなことを言うのです。

無茶ぶりを黙って引き受け続けていると、周囲からは「何を頼んでもやってくれる人」と見なされて、便利に使われます。

便利な人としての評価が定着してしまったら、他の人には頼めないようなことばかり、押しつけられるようになります。

「さすがに、これはおかしいだろう」と思って、勇気を振り絞って断った日には「これまでやっていたことを急にやらないと言いはじめた」と悪者扱いされます。

無理難題に応え続けても、自分の負荷とストレスが増えるだけ。得るものなど何もありません。

「それはわかっています。でも、断れない性格なんですよ」と言う人もいるでしょう。一流はこんなとき、どうしているのでしょうか？

一流は総じてアサーション上手です。**アサーションとは、相手を尊重しつつ自分の意見**

を主張するコミュニケーション方法のひとつです。自分の意見ははっきりと言いますが、断る理由を客観的に述べるので、相手の感情を害さなくて済みます。

アサーションのひとつのやり方に**「DESC法」**があります。

DESC法とは、Describe（描写する）、Express（説明する）、Suggest（提案する）、Choose（選択する）の順に、目の前の出来事について自分の意見を述べる方法です。

部下に仕事を突き返された上司は、

D：「忙しくて、私がお願いしたデータ入力をしている余裕はないんですね」

E：「私も忙しくて、自分でデータ入力をする時間を取れなくて弱っているんです」

S：「こういうときは、チームで助け合って乗り切っていくしかないと思うんです。今週中で構わないので、手が空いたときにデータ入力を手伝ってもらえませんか？」

C：「入力してもらったデータを分析した結果を共有します。付加価値の高い仕事をするためのいい勉強になると思いますがどうですか？」

契約にない仕事を頼まれた方は、

D：「この仕事をはじめる前に、ご依頼内容と価格について契約書で合意をしました」

E：「契約は、あとになって思っていたのと違ったというトラブルを避けて、お互いに気持ちよく仕事をするために交わすものです」

S：「ご依頼の内容をやらないということではありません。最初に合意した内容が変わるのであれば、契約をし直してから、取りかからせていただきたいのです。いかがでしょうか？」

C：「新しい契約書のドラフトを明日メールでお送りしてもよろしいですか？」

一流はいつでも、**冷静に自分の考えや想いを伝えます。**

だから、率直な物言いをするのに、びっくりするほど敵は少ないのです。

【一流の基本】

無茶ぶりされたら、客観的に理由を述べて冷静にはっきり断る

第5章

仕事を円滑にするコミュニケーション術

27 大事なことは顔を見て話す

「隣の席に座っているのに、メールとチャットだけでコミュニケーションをとろうとする人がいる」という話をよく聞きます。

時間や場所を選ばずにコミュニケーションをとれるメールやチャットは、確かにとても便利です。それに、苦手な相手だったり、言いにくいことを伝えたりするときは、メールやチャットであれば少しは気が楽です。そんなこともあって、相手がすぐそばにいても、文字だけのコミュニケーションを好む人が多いのでしょう。

でも、一流は、直接話すことを重視します。

言葉の裏にある感情やニュアンスは、相手の身振りや表情、姿勢、目線、声のトーン、話の間を通してしか伝わってこないからです。

言葉でのコミュニケーションを「言語コミュニケーション」と言うのに対して、身振りや表情などの言葉以外のコミュニケーションのことを「非言語コミュニケーション」と言います。つまり、**コミュニケーションは言葉だけではなく、非言語を伴って成り立つ**ということです。

例えば、相手が「そうですね」と返したとします。文字だけだと合意しているように見えますが、実のところは「聞いてますよ」ということを示すだけの相槌や、反対意見を言いよどんでいる可能性もあります。直接話していれば、非言語コミュニケーションから言葉の真意を判断することもできますが、メールやチャットではそれが難しいのです。

だから、一流は、できる限り**直接話すことを大事にします**。そして、**緊急性の高い連絡や簡単な伝達事項はメールやチャットを使います**。

それに加えて、**はじめての人と仕事をするとき、感謝やお詫びを伝えたいとき、トラブルに発展する気配があるときは、どんなに忙しくても、どんなに遠くても、必ず相手に会いに行きます**。直接話す機会を持つことで、相手の気持ちを正確にとらえられるし、こちらの誠意をわかってもらえるからです。

「わざわざ行かなくても、オンライン会議があるじゃない！」と思う人がいるでしょう。もちろん、オンラインでも顔を合わせて話をすることはできます。でも、**直接話をするのとオンラインで話すのとでは、「空気感」とでも呼ぶべき何かが決定的に違います。**

コロナ禍で学校の授業がオンラインに切り替わったとき、同級生同士がこれまでに顔を合わせていた2年生と、まだ一度も会ったことのないもの同士の1年生とでは、学習効果が違ったそうです。

私は外資系の企業で働いていたので、メール、チャット、オンラインで毎日のように話をしているけれど、お互いに海外の拠点にいてリアルでは顔を合わせたことがない同僚がたくさんいました。その人たちと会議などで直接会う機会があると、それ以降は格段に仕事が進めやすくなりました。

コロナ収束後、誰が言うともなく、ミーティングはオンラインから対面へと戻っていきました。直接話すことの有効性を感じている人がたくさんいることの表れでしょう。

ある消費財メーカーでマーケティングを担当している方の話です。その方は何かにかこつけて他の部門に行って、いろんな人と話をすることを心がけています。部下からは「席にはほとんどいませんよね」と言われています。マーケティングの仕事はデスクで行うものと考えがちですが、他の部門の人と直接話すことで、今やっている施策の手ごたえがわかるし、よく顔を合わせて話をしているうちに仲間意識が芽生えて他部門に協力してもらいやすいのだそうです。

一流は皆、直接話すことの威力を十分に理解していて、そのための時間と手間を惜しみません。

【一流の基本】
リアルで対面し、相手と心を通わせる

28

コミュニケーションは相手のスタイルに合わせて

誰とでもうまくやっていく秘訣は、相手を優先することだと言われます。これは、まったくもってその通り。でも、いつでも自分の欲求や感情を押し殺して、相手を優先してばかりいると疲弊してしまいます。

私が見てきた一流に共通しているのは、誰に対してもしっかりと自己主張しながらも、うまくやっていることです。こんなことが可能なのは、コミュニケーションのスタイルをいくつも持っていて、相手によって変化させているからです。

人はそれぞれ、性格、価値観、育ってきた環境などが異なります。これらは、コミュニケーションの「クセ」、つまり好む言葉や好むアプローチの違いにつながります。

「この仕事を明日までにやってください」とひと言で指示されて、「ビジネスライクで冷たい」と嫌悪感を示す人がいる一方で、「余計な情報が削ぎ落とされていてわかりやすい」と

■ 4つのソーシャルスタイル

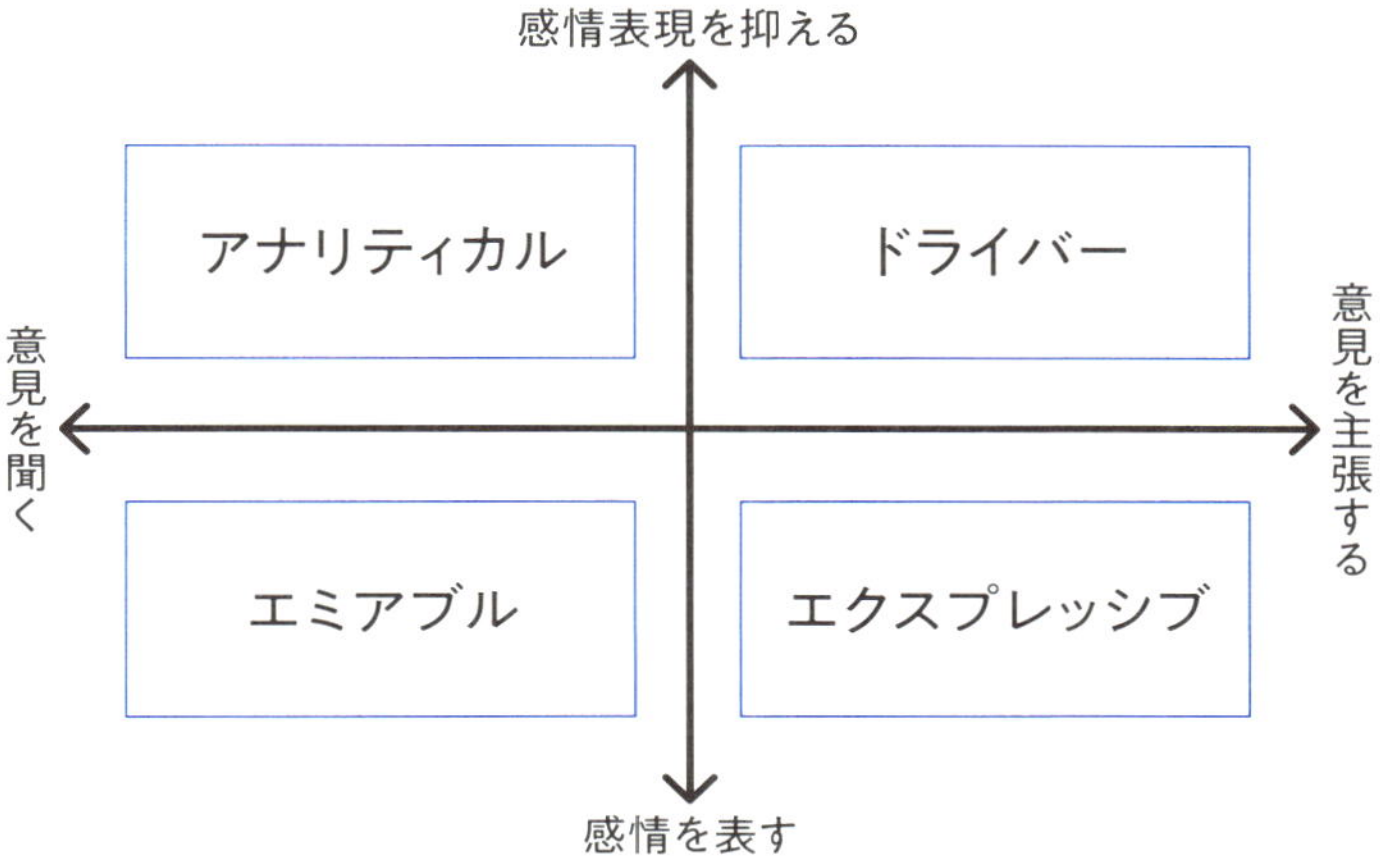

好感を持つ人がいます。これが、その人のコミュニケーションのクセです。

相手のコミュニケーションのクセについては、**「ソーシャルスタイル理論」**が有名です。

これは、その人が、①「意見を主張する」のか、それとも「意見を聞く」のか、②「感情表現を抑える」のか、それとも「感情を表す」のか、の2軸でコミュニケーションのクセを4つに分類するものです。

「意見を主張する」×「感情表現を抑える」は、自分で物事を決めるのが好きな人（ドライバー）。

説明は短く、明確に。いくつかの選択肢

を示して相手に選んでもらうといいでしょう。

「意見を主張する」×「感情を表す」は、注目されることが好きな人（エクスプレッシブ）。相手の話をしっかりと聞きながら、仕事の面白さや新規性を伝えます。話が自分の興味のある方向にそれがちなので、ところどころで本題に戻ってどのくらい理解しているか確認するといいでしょう。

「意見を聞く」×「感情表現を抑える」は、分析や論理が好きな人（アナリティカル）。前例やデータを示して筋道立てて説明します。相手が自分で答えを出すまで待ってあげるといいでしょう。

「意見を聞く」×「感情を表す」は、周囲との調和が好きな人（エミアブル）。やわらかい雰囲気と言葉で話しかけます。周囲に遠慮してはっきりと意見を言わないことがあるので、ときどき質問をして本人の考えを引き出します。「大丈夫」「信頼してます」「サポートします」と言って、安心させてあげましょう。

例えば、「A案のほうがB案よりも優れているから採用したい」と主張するとしましょう。自分がエクスプレッシブだったらその理由を、「A案のほうがワクワクするから」と言ってしまいますが、アナリティカルの人は、「ワクワクなんて言われてもわからない。こんな感覚的なことを根拠にA案を推しているのか」と不信感を持ちます。こういうことが積もり積もると、相手に対する苦手意識になり、関係はうまくいかなくなってしまいます。

一流は人と話すとき、**自分のコミュニケーションのクセが前面に出過ぎないように注意を払います。**自分がしてほしいことが、相手もしてほしいこととは限りません。良かれと思って発したひと言が、相手を傷つけたりイライラさせたりすることもあるのです。

【一流の基本】
相手のコミュニケーションのクセを尊重して誰とでもうまくやっていく

29

1勝9敗のWin-Win

一流は皆交渉上手です。

一流の交渉と聞くと、テーブルを挟んで喧々《けんけん》諤々《がくがく》の話し合い、自分の要求を全部通すための駆け引き、といったドラマなどで描かれる緊迫した場面を思い浮かべてしまいます。

しかし、一流の交渉は**自分も相手も満足する「Win-Win（ウィン-ウィン）」交渉**です。

これに対して、一方だけがほしいものを得て、もう一方はすべてを失う交渉を「Win-Lose（ウィン-ルーズ）」交渉と言います。

Win-Winは、勝ち負けをつけずに、要求の半分を通して半分は譲る「痛み分け」ではありません。双方が利益を得てWin（勝ち）の状態になることです。

交渉でWin-Winを実現するのはとても難しいことです。特に、お互いの利益が相反するような場合は、Win-Lose以外の結果は得られそうにもありません。

こういうとき、一流は、**1勝9敗のWin-Win**を目指します。

絶対に譲れないことだけを残して、他は全部相手の要求を受け入れると、相手は譲ってもらってばかりでは気の毒なので、自分も譲り返そうという気持ちになります。この心理的効果を**「譲歩の返報性」**と言います。

たった1勝であっても、最も大切なことさえ承諾してもらえれば、Win-Win交渉の成立です。

例えば、オフィスの契約更新時にこちらは賃料を値上げしたい、相手は値下げしてほしいという立場で交渉をするときはどうしたらいいのでしょうか。

一流は、交渉前に相手の立場に立ってみて、**相手にとってのWinは何なのかを想定します。**それから、**相手の要求を「こちらにとってはそれほど大事ではないこと」と「絶対に譲れないこと」に選別していきます。**

相手は、契約更新時の支出が減るのであれば、毎月の賃料については妥協してくれるかもしれません。

一方、こちらは月額賃料の値上げはどうしても譲れません。

相手と自分の要求を考え合わせると、賃料を値上げする代わりに、更新料を割り引くという交渉の方針が見えてきます。

ただし、譲ってもいいことには限度があります。

賃料値上げ分の合計額よりも更新料の割引額のほうが大きければ、こちらの要望が通ったとしても、キャッシュフローや利益に影響が出て、実質的にはWin-Loseになってしまうからです。

だから、**「譲るのはここまで」という「落としどころ」もあらかじめ決めておきます。**

実際の交渉の場では、こちらが1勝9敗の条件を提示しても相手が難色を示すことがあります。値下げを交渉しようと思ってきたのに、「値上げしたい」「絶対に譲れない」と言われたら面食らってしまうからです。そうなると、冷静に考えることができず、自分にとって悪くない話だというところまで考えが及びません。

こういう場合は、**一度の交渉で結論を出す必要はありません。**一旦条件を持ち帰ってもらい、**日を改めてもう一度話し合います。**必要であれば、時間をかけて何度でも交渉を行います。

あとからよく考えると、「なんだ、これって悪い話じゃないじゃない！」ということに気づいてもらえるからです。

1勝9敗のWin-Win交渉はハードですが、**交渉を通して相手の人間性が伝わります。**Win-Winの達成だけではなく、相手との信頼関係も強めるのが一流です。

［一流の基本］

交渉は、どうしても譲れないことだけを通す

30

お客さまの要望はそのまま引き受けない

ある情報サービス企業に勤める方の話です。

その方はスピーカーホンで電話をするので、お客さまとの会話が周囲に筒抜けです。「できません」「無理です」「ダメです」「おっしゃる意味がわかりません」「そんな簡単なものではありません」というやりとりをお客さまと毎日交わしているのがわかります。それでもその方は、たくさんのお客さまから絶大な支持を受けていることで、業界内で有名な存在です。

お客さまの要望にはっきりＮＯと言うことが、お客さまにとって利益をもたらすことがあります。

お客さまがお金を払ってくださるのは、「プロの知見や技術」に対してです。一流は誰でも、このことを肝に銘じてお客さまに最高の結果を提供しようとします。

そのためには、**プロとしての意見はちゃんと伝えることが誠実さです。**

お客さまは、もともとその分野に詳しい人ばかりではありません。だから、ときにとんでもなく難しいリクエストをすることがあります。インターネットで情報収集をしても、業界慣習、相場、技術的な制約などについての理解はプロには及びません。それで、いとも気軽に非常に難しいことをやってほしいと口にするのです。

こういう場合は、できない理由を丁寧に説明して、NOと伝えます。**お客さまは、自分が知らないがゆえに無理なことを要求しているとわかれば、納得してくれます。**

少しでもいい条件を引き出せるかもしれないと思って、あえて無理なリクエストをするお客さまもいます。

のみの市で素敵なティーカップを見つけて気に入ったとしましょう。手ごろな値段だなと思っていても、「ちょっと高過ぎる」とか「2客でこの値段だったら買いますよ」と、ダメもとで言ってみたりしませんか? これは**「ドア・イン・ザ・フェイス」**（the door in the face）という交渉術のひとつです。

この場合は、**お客さまも最初から要望が通るとは思っていないので、断られても気分を害したりしません。**逆に、あいまいにしたまま回答をひっぱると、トラブルにつながりかねません。

過去の経験からくる個人的な想いが、無理な要求につながることもあります。

購入した商品の梱包について非常に細かい指定をするお客さまがいました。その背景には、大変気に入って購入した一点物の家具に大きな傷がついて届いた経験があったのです。

こんな場合は、使用する梱包材や梱包のコツ、配送業者のスキルなどを**プロの視点でしっかりと説明して、嫌な経験からくる不信感を取り除きます。**こちらはプロなので、お客さまの要求通りにするよりも、確実にいい結果をもたらせます。

お客さまの要望につかみどころがないこともあります。こういうときは、お客さまに何がほしいのかを見つけてもらうお手伝いをします。

まず、**お客さまに要望を思いつくままに出してもらいます。それらを「絶対にほしいも**

の」「できればほしいもの」「なくても困らないもの」に分けていきます。

「この中で一番大事なことは何ですか？」「ご予算の追加は可能ですか？」「予算を抑えるために、削れるものがあるとしたら、どれですか？」

こんな質問をしながら、お客さまと一緒に要望を精査していきます。

お客さまが「絶対にほしいもの」だと思っていても、実は重要ではないものもあります。逆に、大事なものが抜けていることもあります。**プロから見て「これは絶対に入れたほうがいい」あるいは「これは絶対にやめたほうがいい」というものがあれば、しっかりと主張します。**


一流は、お客さまに提供できる最大の価値は、プロの忌憚《きたん》のない意見だと信じて仕事をしています。だから、どの一流もお客さまから支持され続けるのです。

［一流の基本］
お客さまのためにプロに徹して率直に意見を述べる

31

苦手な人の壁打ち相手になる

誰にだってどうしても好きになれない人はいるものです。

マウントを取る人、何でもネガティブにとらえる人、人の噂話ばかりする人……。その人たちが発する負のオーラを浴びると、こちらまで気が滅入ってしまいそうです。できればあまり関わりたくありません。たいていの人は、こういうちょっとやっかいな人たちにはできるだけ近寄らないようにしています。

ところが、一流は総じて、周囲から敬遠されている人とでも、普通に接しています。

一流に言わせると、そういう人たちがする気の滅入る話は「ひとつのネタ」。

人にはそれぞれ、他愛もない世間話をするときのネタに傾向があります。天気の話、ペットの話、サッカーの話……。それらと同じで、ネガティブな話も場をもたせるための世間話で、特に意味はありません。沈黙は気まずいから、礼儀だと思って何か話しているだけです。

また、不満や悪意があるわけではなくて、自分を認めてほしい、ストレスを発散したい、周囲の人の関心を引きたい、という気持ちから、誰かと話をするチャンスがあれば、かわいそうな自分や他の人よりイケてる自分の話をする人もいます。

一流は、**社会人である以上、誰とでもうまくやっていかなければならない、でも、誰とでも親しくつき合う必要はない、**と考えています。

それほど親しいわけではない人と話をするのは、たまたま一緒になったときだけ。エレベーターを待っている間とか、通勤電車で偶然同じ車両になったとか、特に何もすることがないときがほとんどです。

どのみちすることがない時間なのだから、話の内容が何であれ黙って聞きます。エレベーターや電車が目的地に着いたら、話は終わるのですから。

相手に好かれようとして、ネガティブな話にも共感を示す人がいますが、これは絶対にダメです。

嫌な顔ひとつしないで話は聞くけれど、傾聴してはいけません。傾聴すると「私に同意してくれた」と受け取られるからです。それればかりか、いつの間にかその話をしていたのは自分にされてしまいかねません。そうなると、周囲から自分が誤解されて、敬遠されてしまいます。

だから、こういう人に対しては、自分は「壁」になったつもりで、思う存分壁打ちをしてもらいます。

そうは言っても、楽しくない話をただ聞いているのはつらいものです。だから、話を聞き終わったら、自分で自分に「お疲れさま」と言ってきれいさっぱり忘れてしまい、吸い込んだネガティブな空気を吹き飛ばしてしまいましょう。**誰とでもうまくやっていくためとはいえ、自分が精神的にダメージを受けてしまっては、何にもなりません**から。

こんなふうにしているから、一流は誰からも嫌われません。むしろ、思わぬところから助け舟が出てきます。

あるスタートアップ企業に勤める方は、東京の一等地に自社の看板を出すミッションを担っていましたが、目立つ場所の広告料は高く、人気もあるので、苦戦していました。

すると、「息を吐くように愚痴を言う」と、周囲から敬遠されている同僚が、条件にぴったりの場所にあるビルのオーナーを紹介してくれたのです。その結果、希望通りの条件で無事に看板を出すことができました。

愚痴を言う同僚がその方を助けた理由は、「社内で数少ない、お世話になりっぱなしの人だから」というものでした。壁打ちにつき合ってくれていることをうれしく思い、恩義に感じていたのです。

この方に限らず、一流は「この人ともつながりがあるの?」と驚くような幅広く多様なネットワークを持っています。それを支えているのは、こんな人づき合いの哲学なのです。

【一流の基本】
程よい距離感で誰とでもうまくやっていく

32 満場一致を打ち砕く

「それでは、この議題は全員賛成で決定しました。これで会議を終了します」

発表者が一方的に説明する、質問が出ない、議論をしない、こんな会議のことを手締めの音を模して「シャンシャン会議」と呼びます。運営の立場からすると、特に反対意見もなく、無事に「シャンシャン」と閉会してくれるとホッとします。

シャンシャンに持ち込めるようにいろんな努力をするのが、会議を仕切る人の腕だと信じている人もたくさんいます。

ところが、一流が会議に参加すると、絶対にシャンシャンとは終わりません。一流は**反対意見が出るように自分から仕向けるからです。**

なぜなら、そもそも会議をするのは、さまざまな視点から議論し、異なる知見を持ち寄って、よりよい結論を出すためだからです。

「ダイバーシティ（多様性）」と言うと、女性活躍推進という意味で語られることが多いのですが、本来の**ダイバーシティは、女性に限らず多様な人たちが活躍することです。**異なるバックグラウンド、経験、価値観を持つ人で構成される組織を作って、あらゆる視点で議論を行い、よりよい結論を出せることが、ダイバーシティの良さなのです。

ダイバーシティの反対を**「ホモジェニティ（同質性）」**と言います。

同質な人たちは、意見や価値観が近いので、いわゆる「あうんの呼吸」でどんどん物事が決まっていきます。

ホモジェニティな組織は、合意形成しやすい一方で、同じような視点からの検討しかなされません。だから、**いつでもどんなことでも同じような結論になってしまい、リスクを見逃したり、時流に乗り遅れたり、改革が進まなかったりということになりがちです。**

最近はダイバーシティな環境作りがかなり進んできました。でも、**メンバーが多様になっただけでは、意思決定の質は上がりません。**

反対意見を言うと「せっかく結論が出かかっているのに、どうしてひっくり返すんだ！」と「悪者」扱いされる、少数意見の人は組織内で排除されたり非難されたりする、こんなことがあると、とても自由に意見なんて言えません。せっかく、多様な人で議論をしていても、これではまったく意味がありません。

だから、一流は、**あえて違う視点からの検討を促す呼び水になる発言をします。**こういうことをすると周囲から嫌がられるものですが、そこはさすが一流です。**自分の立場を損なわないように、絶妙な工夫を加えます。**

「議論のために、ちょっと変なことを言ってもいいですか？」

「議論のため」という前置きで、「これまでに出た意見に反対しているということではないんです。でも、せっかく集まったのだから、もうちょっと話し合うためにネタを提供しているだけですよ」ということを示します。

あまり発言していない人には、「現場の視点も大事ですよね。○○さんから見ると、どうですか？」と意見を述べるチャンスを作ります。「実務担当者」という立場を強調してあげると、実際の業務を行っているわけではない管理職たちは聞く耳を持たざるを得なくなります。

それでも、やっぱりなかなか違う意見が出てこないときは、「会議の生産性向上のために、意見や質問は事前に出してもらうようにしませんか?」と提案します。

「生産性向上」はどの職場でも関心が高いキラーワードなので、賛成を得やすくなります。

個別に提出するのであれば、異なる視点からの発言はしやすくなるし、会議の場で匿名でそれらを読み上げるのであれば、個人に負担がかかることはありません。

自分が議長でなくても、発言や行動をちょっと工夫して、意味のある会議の流れを作る一流にはいつも驚かされます。

【一流の基本】

反対意見や少数意見を歓迎する

33

仕事では親友より戦友

「ビジネスは人脈が命」と言われます。

積極的に人脈を広げる場に参加してたくさんの人と名刺交換をしている、SNSの友達の数が上限に達している、そんな人を見ると、その交友範囲の広さに感心するものです。

しかし、**大事なのは友達を増やすことではなく、その人脈の中にビジネスで頼れる人がどれだけいるかということです。**

自分と相手との関係性に応じて、友達を「知人」「親友」「戦友」に分けて考えてみましょう。

知人は、文字通り「知っている人」。お互いに顔や名前を知っているけれど、それ以上でも以下でもありません。

顔見知りであいさつを交わすだけの人、面識はあるけれど特に親しいわけではない人、

ＳＮＳでつながっているけれど実際の交流はほとんどない人は、知人です。ビジネスで困ったときに、頼れる存在ではありません。

親友は、プライベートな部分も含めて、何でも話せる存在です。つき合いの長さにかかわらず、価値観が似ていて、一緒にいて安心できる人です。

誰かの助けが必要になったとき、親友には遠慮なく甘えることができます。でも、ビジネスに関して、親友に頼るのはちょっと考えものです。なぜならば、親友が自分を救ってくれるだけの十分なスキルを持っているとは限らないからです。それに、報酬などの条件が十分でなかったとしても、親友の頼みだからと無理をして引き受けてくれるかもしれません。もしも失敗してしまったら、双方に負担がかかるだけではなく、関係が悪化して大切な親友を失ってしまうこともあるからです。

戦友は、苦楽をともにしたことがある人、衝突したり協力したりしながら、「修羅場」を一緒にくぐり抜けた間柄の人です。

修羅場とは、業績の悪い事業を立て直した、新部門を立ち上げた、誰も味方してくれる人がいない状況からチームを作り上げた、会社の大きな危機に対応した、このようなそれまでの経験だけではどうにもならないような場面のことです。

リーダーシップ研究で有名なＣＣＬ（Center for Creative Leadership）の調査によると、一流はいくつかの修羅場を必ず経験して、「一皮むける」成長をしています。

戦友とは、一緒に修羅場を乗り越えたからこそ、強い信頼関係、尊敬、仲間意識で結ばれています。互いの強みも弱みも理解し合っています。分野は違ったとしても活躍している同士です。条件などが折り合わないとしてもお互いさま。今度は反対にこちらがサポートしてあげる機会も十分にあるからです。

ビジネスで頼るべきは、戦友です。

戦友はほしいけれど、修羅場なんて経験したくはないというのが本音でしょう。

そこで、企業では、人為的に「修羅場のような環境」を作ります。**社内プロジェクト、国内・国外のビジネススクールへの派遣、社外勉強会への派遣**などがそれです。

「そういうのには選ばれない」という人は、**企業研修のグループ演習**が「少しだけ修羅場っぽい環境」になります。

グループ演習では、メンバー同士が意見を交わし、協力し合ってアウトプットを作ります。その過程で信頼が生まれます。初対面のもの同士が、研修が終わったときに名残惜しそうにしている姿は戦友そのものです。

社内バーチャルコミュニティを立ち上げるという方法もあります。

例えば、子育て中の女性の会、単身赴任者の会のように、同じようなことに悩み、同じような経験を乗り越えようとしている人たちが情報交換をしたり、励まし合ったりしながら、それぞれの修羅場を乗り越えていくのです。

「友達」の中身をよく見てみると、一流には戦友が大勢います。

戦友を作る機会は大切にしてください。

［一流の基本］

戦友をたくさん作る

34 気配りの達人

一流は、びっくりするくらい細かいところまで気がつきます。

あるインフラ企業に勤める方は、海外出張先からメールを送るとき、**相手の就業時間内に届くように時差を調べて送信予約をします。**メールなんだから真夜中に着信したって構わないんじゃないかと周りから言われるそうですが、メールに着信があるとスマホが鳴るので、相手に余計な負担をかけないために、これを続けていると言います。

ある素材メーカーに勤める方は、他の人から見えないように、社名入りの紙袋は必ずロゴを内側にして持ちます。ロゴとエレベーターの利用階から、どこの企業に誰が出入りしているかを推察されることを防ぐためです。**どの企業も情報漏洩のリスク対策をしているのだから、個人レベルでも慎重に行動するのは当然のことです。**

電車はもちろんタクシーの中でも、仕事の話は絶対にしません。ましてや具体的な企業名やお客さまの個人名は口にしません。イニシャルトークだったとしても、聞く人が聞くと話の内容は手に取るようにわかってしまうものだからです。

タイパを考えて、出張の移動時間を使って打ち合わせをしようとする人がいますが、公共の交通機関で仕事の打ち合わせをするのは論外です。どこの誰が近くに座っているかわかりません。**打ち合わせは事前に社内で済ませておきます。**

移動中に打ち合わせをしないのなら、みんなで並んで座る必要はありません。だから、一流は出張手配をするとき、**一緒に出張する人同士、バラバラの座席を予約します。**移動の車中で、気をつかわずに過ごしたほうがいいだろうという気遣いと、共通の話題としてつい仕事の話をしてしまうリスクを避けるためです。

ただし、出張の機会を利用して、部下との距離を縮めたい、上司に聞いてほしい話があるということもあります。こういう場合は、出張が決まったときに「隣のお席で移動させてもらってもいいですか？」と相手に許可をとります。

一流は、お客さまへの気配りも完璧です。特に、相手に気まずい思いをさせないことに心を砕きます。

ある放送関連の仕事をしている方は、複数台のスマホを持ち歩いています。用件別に電話番号を使い分けているというわけではありません。スマホメーカーや通信キャリアが担当番組のスポンサーだったら、目の前で他社のスマホを使われると気分がよくないだろうという考えからです。

会社や上司から「そうしなさい」と言われたのでも、過去にそれがもとでスポンサーとトラブルになったのでもありません。相手の立場に立って考えたら、自然とこういう対応になったのです。

ある広告企業に勤める方は、お客さまとの会食をセッティングするときは、会場に相手の会社の系列メーカーのビールが置いてあることを確認します。

三菱系はキリン、住友系はアサヒ、三井系はサッポロかサントリー、芙蓉系はサッポロ、三和系はサントリー、合併してできた企業は招待するお客さまがどちらの企業の出身なのかで決めます。

ビールの銘柄まで誰が気にするのかと怪訝に思うかもしれません。そんなの昭和の話でしょうと軽視する人もいます。

しかし、現在中堅クラスとして活躍している人たちは、新人の頃、昭和ど真ん中世代の上司から、系列ビールに気を配ることを徹底的に叩き込まれています。こんな経験と自社への帰属意識から、自宅でも系列銘柄のビールしか飲まない人も珍しくありません。

個人的には銘柄なんてどうでもいいと思っている人だったとしても、会食の場で自社系列のビールが並んでいるのを見たら、こちらの心遣いは伝わります。気を配っておいて、間違いはありません。

隅々まで万全の気配りをするから、一流と一緒に仕事をしたいという人が絶えないのです。

［一流の基本］

仕事上の立ち居振る舞いは、リスク、相手の立場、相手の気持ちにまで配慮する

第6章

チームをまとめるリーダー術

35

定性目標は比較で示す

多くの企業では「目標管理制度（MBO：Management by Objectives）」という、年初に目標を決めてその達成度を測る評価制度を取り入れています。

このMBOには、たくさんの上司が悪戦苦闘しています。

上司たちの言い分は、「営業は数値化できる目標（定量目標）があるからいいけれど、総務みたいな数値で表せない仕事をしている部門はどうするの？　毎年、『経費削減』という目標を立てていたら、そのうち経費はゼロになっちゃうよ」という、切実なものです。

だからといって、**数値化できることを無理やり探し出して目標にするのは本末転倒です。**

そこで、数値以外の目標（定性目標）をなんとか設定するのですが、期末になると、目標を達成したのか、していないのか、部下との話し合いにまたまた苦労します。

私はこれまでに目標達成についての話し合いが平行線をたどり、揉めに揉めて決着を見出せない上司と部下を数えきれないくらい見てきました。

目標達成度の評価結果が、給与や賞与の金額に影響するのだから、採めるのもいたしかたありません。部下がどうしても評価に納得できないとサインするのを拒絶して、1年近く話し合いが続いたという極端なケースもありました。

ところが、一流の上司が、部下と目標達成度の評価で揉めるのは見たことがありません。揉めない**定性目標は、「ビフォー」と「アフター」を比較する形で設定されています。**比較することでゴールがはっきりするので、解釈のズレが生じないのです。

「大きい箱を用意して」と言われても「大きい」の基準は人によって違います。それぞれが考える大きい箱を持ってきてもらったら、集まった箱の大きさはバラバラでしょう。でも、それがその人の考える「大きい」なのだから、「大きい箱って言ったのに。こんな小さい箱では低い評価しかできない」と言っても、相手は納得しません。定性目標の評価で揉めるのはこれと同じ理由です。

箱の中に入れる物を実際に見せて「これがぴったり入るくらいの箱」と表現したら、こちらの期待とはそれほど違わないサイズの箱を持ってきてもらえます。

それでも、期待していたよりも大きかったり小さかったりすることもあるでしょうが、そういう場合は、もう一度中に入れる物を見せながら「ほら、これは箱が大き過ぎて余ってしまうよね」とか、「小さ過ぎて入らないよ」と話し合うことができます。

「大きい箱を持ってくる」という目標に対して、自分の持ってきた箱がどれくらい近かったのか、最初に見せた箱の中に入れる物を基準に双方納得することができます。


仕事の目標設定もこれと同じです。「ビフォー」（取り組み前＝期初）と「アフター」（取り組み後＝期末）の状態を比較する形で、どうなっていてほしいのかを目標として記述します。


「新人を独り立ちさせる」という目標で、「独り立ち」の解釈が、上司と部下で違っていたら、話の着地点を見出せずに揉めてしまいます。

「新人が独り立ちできない＝新人教育の体制がない」（ビフォー）に対して、「新人が自分で学べるように自習教材がポータルに格納されている」（アフター）のように、現状と比較して期末にどうなっていたら目標達成なのかを示すと、何をどこまでやるのかが明確になります。

私が出会ってきたほぼすべての一流の方は、部下から「あの人とまた一緒に働きたい」と慕われています。上司の人格が素晴らしいということもありますが、「やったことをちゃんと評価してくれる」ということが大きな理由のひとつです。

「ちゃんと評価してもらっている」と部下が思うのは、目標と達成基準がはっきりしていて、結果について納得がいく話し合いができるからです。

［一流の基本］

目標はビフォーとアフターで達成基準を示す

36

相手の思考を深める質問

一流はおしなべて、質問の達人です。要領を得ない話をする人には、さまざまな質問を投げかけて、考えを整理する手伝いをしてあげます。

「商品のプロモーションは、ＳＮＳを使うのが一番よさそうな感じがします。インフルエンサーに取り上げてもらえるかもしれません。営業部長もこのプランに大変興味を持ってくださったようなので、前向きに進められるものと思われます」

ある服飾メーカーに勤める方が部下から、こんな報告を受けていました。

「ＳＮＳを使うと効果があることを確認した」「インフルエンサーが、新製品を取り上げると言った」「営業部長が、このプランは大変興味深い。前向きに進めましょうと言った」。それならば、この報告は「事実」です。

「プロモーションするなら普通ＳＮＳ使うでしょう」「インフルエンサーが取り上げてく

れるといいな」「営業部長はまんざらでもなさそうな顔をしていた」。このように報告者が思っているのならば「意見」です。

この報告を聞いてなんだか**スッキリしないのは、この報告の内容が事実なのか意見なのかがわからないからです。**

こんなときは、こちらから質問をするのが有効です。

質問には、**オープン質問**と**クローズド質問**の2種類があります。

オープン質問は、回答する人が自由に答えられる「開かれた」質問です。

クローズド質問は、「はい」または「いいえ」で答えられる質問、あるいは選択肢の中からひとつを選ぶ形の、答えが限定される「閉じられた」質問です。

「週末は何をしましたか?」はオープン質問です。

「週末は外出をしましたか?」や「1人で出かけましたか? それとも友達と一緒にですか?」はクローズド質問です。

オープン質問は、自由に話してもらえるので、相手の考えや気持ちを深く理解できます。

一方でクローズド質問は、答えが限定されるので会話は深まりません。

「クローズド質問は尋問を受けている感じがする。だからオープン質問で相手に自分の考えを話してもらおう」と言われたりするので、いつでもオープン質問をする人がいます。

しかし、

「SNSを使ってどんなことをするのですか？」

「この製品に興味を持ってくれそうなインフルエンサーは誰ですか？」

「このプランの何が営業部長に響いたのですか？」

こんな質問をしても、部下は答えに窮するだけです。

こんな質問に答えられるくらいなら、スッキリしない報告などしないでしょう。

だから、クローズド質問をします。

「SNSは、Facebook？　LINE？　それとも他の媒体ですか？」

「依頼するインフルエンサー候補のリストはありますか？」

「営業部長自身がこのプランに興味があると発言したのですか？」

部下はクローズド質問に答えるうちに、自分自身で抜けていることやあいまいなことを見つけていくことができるのです。

「Facebookしか考えていなかったけど、確かに他の媒体も検討したほうがいいな」

「完全に思いつきで言ったインフルエンサーについて突っ込まれた。これから探してリストを作ってみよう」

「部長はうなずきながら聞いていたけど『興味ある』とはひと言も言ってないな」

ここまで整理できれば、次回こそは実りある報告が聞けるはずです。


部下がしっかり考えてきたなと思ったら、オープン質問の出番です。

「SNSキャンペーンの企画を教えてください」

「インフルエンサーには商品の世界観をどのように伝えますか?」

「営業部にこのプランを通すときは、誰に出席してもらいましょうか?」

こんな質問をして、議論を深めましょう。


【一流の基本】

考えがまとまらない人には答えやすい質問をしてあげる

37

素人であることを強みに変える

人事異動で未経験の部門への異動が決まることがあります。

ゼロから新しいことを学ぶのは楽なことではありません。それほど興味のない仕事だったらなおさらです。

加えて、管理職としての異動なら、大きなストレスになるでしょう。その業務についてては自分よりもずっと経験が豊富で、知識もスキルも高い人たちの上司になるなんて想像しただけで嫌になります。

こんなとき**一流は、「マネージャーに徹する」「部下に教えてもらう」「素人目線を武器に改善する」**の3つを行動指針にします。部門のマネジメントをする上で、この3つは大変な強みになるからです。

同じ部門でずっと経験を積んできた生え抜きの人は、管理職でありながら1プレイヤーとして実務も担うプレイングマネージャーになりがちです。

プレイングマネージャーが増えている背景には、人材不足や高い業績目標を達成するために、管理職自らも動かなければならないということがあります。ただそればかりではなく、管理職本人が部下よりも自分のほうがうまく仕事をさばけるという自負があって、プレイヤーを続けたいと思っていることも多いのです。

しかし、**マネージャーの仕事はプレイヤーの片手間にできるようなものではありません。**組織のビジョンを伝え、目標達成管理を行い、部下をモチベーションづけ、育成するのは大変な仕事です。人が足りていないのであれば、自分はマネジメントに徹することができるように、今の人数で仕事をなんとか回していく工夫をすべきです。

その点、経験のない管理職は最初からマネージャーに専念できます。

未経験なのだから、当然、実務は何も知りません。**素直に部下に教えてもらいます。**

部下にとっても、**人に教えることは知識を整理するいい機会になります。**

その部門や業務をはじめて見るからこそ、わかることがあります。

例えば、毎日昼休みの前に「電気のスイッチをオフにして節電に協力してほしい」と生放送で全社に呼びかけているのを、長くその環境にいる人たちは当然だと思っています。でも、まっさらな目で見ると、各フロアの出入口にポスターを貼るとか、せめてアナウンスを録音して流すとかすれば、担当者の負担が減るのではないか？　という発想が出てきます。**こうやってどんどん改善につなげていくのです。**

ある食品メーカーに勤める方が、グループ企業であるレストランチェーンのマネジメントをすることになりました。その方は学生時代のアルバイトも含めて、調理はもちろん接客の仕事もしたことがありません。

そこで「私は外食ビジネスについてはまったくの素人です。だから、皆さんに教えていただきます。そのかわり、私はお客さまの視点でお店をよくする提案をします。そして、マネージャーとして皆さんが働きやすい環境を作ります」と宣言しました。

最初の半年くらいは、プロパーの社員、シェフ、パート社員から「何も知らないこの人がなぜ管理職なの？」という冷たい視線を浴びて、針のむしろでした。

でも、注文をとるタイミングやお店の入りやすさなどについてアイデアを出す。業務を理解するために、部下に教えてもらいながら厨房やホールを手伝う。社員のシフトの組み方を工夫したりロッカー室の備品を入れ替えて快適にする。こんなことを積み重ねていきました。

半年もすると、アルバイトの離職率は減り、売上も伸びてきました。やがて、この方は部下から慕われるようになり、数年後にはそのレストランチェーンになくてはならない人になりました。任期を終えたときは、盛大な送別会が開かれたものです。

そういう経験のひとつひとつが、一流を作っていくのです。

【一流の基本】

現場経験がないからこそマネジメントとして組織に貢献する

38

評価は平等にしない

評価はすべての上司にとって頭の痛い仕事ではないでしょうか？

「異動してきたばかりで仕事に慣れていない人とベテランの成果に差があるのは当然だ。それなのに、評価に差をつけていいものなのか？」

「同僚の間で評価に差がつくと、人間関係がギスギスしてしまうんじゃないか？」

「あんなに一生懸命働いているのに、低い評価をつけたら恨まれるんじゃないか？」

「そもそも、神様でもないのに、人を評価なんてしていいのだろうか？」

ただでさえ悩みはつきないのに、新人のときに仕事を教えてもらった先輩や、自分よりもずっと優秀な部下を評価したりすることになったら、正直、途方に暮れてしまいます。

悩んだ結果、無難に真ん中の評点をつけて、ホッと胸をなでおろします。

これは、平等なのでしょうか？　それとも公平なのでしょうか？

平等と公平は、似ているようで異なります。

平等はすべての人を同じように扱うこと、公平はそれぞれの状況に合わせて適切に扱うことです。

「ウサギとカメ」の童話で平等と公平を考えてみましょう。

ウサギとカメとが、徒競走をすることになりました。生まれつき足の速いウサギは、あっという間にカメの姿が見えなくなるぐらいまで引き離しました。勝ちを確信したウサギは昼寝をしてしまい、結果は、休まずに歩き続けたカメがウサギに勝利しました。

これが「ウサギとカメ」です。

平等であれば、成果はどうあれ評価はみんな一緒。同じ距離を完走したウサギとカメは、引き分けです。

公平であれば、成果に応じて差がつきます。カメの勝ち、ウサギの負けです。

ウサギとカメを平等に評価すると、ウサギは次回以降の競争でも昼寝をすることでしょう。ウサギの足が速いという能力は磨かれず、そのうちに今ほど速くは走れなくなってしまうかもしれません。カメは、やってもやらなくても一緒なんだと悟るでしょう。そして、これ以降は走ることをやめてしまいます。

公平に評価すると、ウサギは、最初はあんなにカメと差がついていたのにやっぱり途中で昼寝をしたのはまずかったと反省して、次回以降はサボらずちゃんと走るようになるでしょう。カメは走ることは苦手でも、努力すれば実ることがわかります。自発的に走る練習をして、レースでは全力で走り続けるでしょう。

だから、一流は、すべての部下に、余計な忖度《そんたく》はせず、**成果に応じてはっきりとした差をつけます。平等な評価は、部下のやる気を削いでしまうからです。**

私はこれまでにたくさんの採用面接をしてきましたが、ある候補者が話してくれたことが強く印象に残っています。

その方は、前の勤務先で新規事業の立ち上げをしました。その事業は大成功。ものすごい額の利益を会社にもたらして、社長表彰も受けました。しかし、その年の評価は「普通」

という結果でした。

納得がいかなかったその方は、上司に評価の理由について尋ねました。すると「みんながんばっているのに、1人だけいい評価にするとチームワークが乱れる。あなたも仕事をしにくくなる。あなただけじゃなく、全員に『普通』という評点をつけたんだからいいでしょう?」という答えだったそうです。

その方が転職先に求めることはたったひとつ、「公平に評価してくれる会社」でした。

その方は入社後、たくさんの高い業績を挙げてくれました。まさに一流の方です。

前の勤務先は、平等な評価によって、一流の人材を失ったのです。

［一流の基本］
部下の評価は公平にする

39

HowとWhatは部下に任せる

「懇切丁寧に指導をしているのに、なぜか部下がやる気になってくれない」と、悩んでいる上司はたくさんいます。

部下のためにタスクリストを作ってあげる、1日の終わりにどこまで進んだかチェックしてあげる、明日の予定を立ててあげる、メールも送信前にチェックしてあげる、こんなに手取り足取り上司が面倒を見ているのにどうして？　と言うのです。

でも、部下に言わせれば、これでは上司の代わりに手を動かしているのと同じです。新人のときはありがたく感じたとしても、仕事に慣れるにつれて「もっと自分に任せてくれてもいいのに」「信頼してもらえていないの？」と不満を持つようになります。

自分が優秀なプレイヤーだった上司は、自分の仕事のやり方に絶対的な自信を持っています。それで、うまくいくやり方を部下に伝授してあげたいという親切心から、知らず知

■ 脳の構造と人の理解

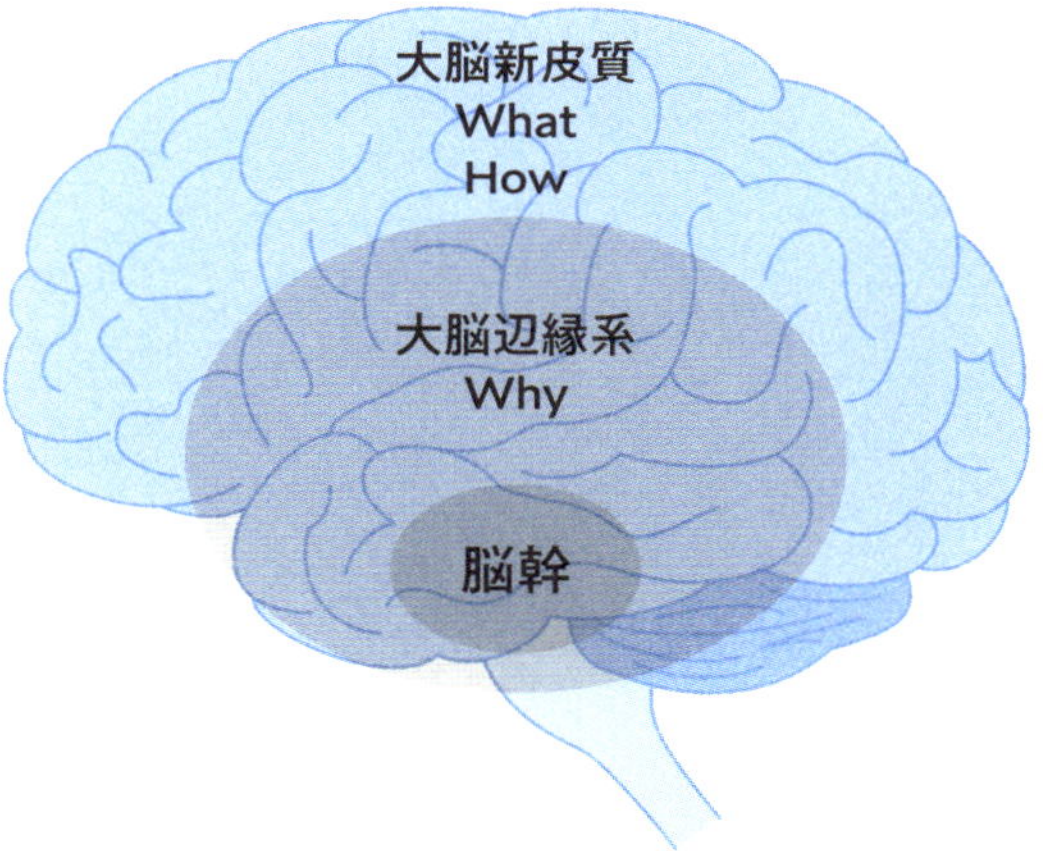

らずのうちに、自分の流儀を部下に押しつけてしまうのです。

これとは対照的に、一流の出す指示はどれも、拍子抜けしてしまうくらいシンプルです。

「来年度の販促予算を今年の20%増にしてもらえるような資料を作ってください」とこれだけです。

部下に伝えるのはWhy（なぜ）だけ。

シンプルだから、部下はHow（どうやって）とWhat（何を）を自分で考えなければなりません。

一流は皆、この**シンプルな指示で部下を成長させるのです。**

人の心を動かすには、Why（なぜ）→How（どうやって）→What（何を）で話すのが、人の脳の構造からも理に適っています。これを**「ゴールデンサークル理論」**と言います。

大脳は大きく分けると、「大脳新皮質」「大脳辺縁系」「脳幹」の3つから構成されています。大脳新皮質は分析的な思考と言語（How と What）を司る機能を、大脳辺縁系は感性（Why）を司る機能を担います。

人の脳で最初に作られるのは大脳辺縁系です。だから、人は、「感性→思考」という順に物事を理解します。**その仕事が必要な理由（Why）に共鳴する（感性に響く）と「何が何でもやらなくちゃ」と感じ、自然にどうやって（How）と何を（What）を考えはじめるのです。**

タスクリストを作ってあげるやり方は、この真逆で、What（何を）だけを説明しています。What だけで部下が仕事を完成させるのは無理だと判断したら、「この資料を参考にして」「○○さんに聞くといいよ」と How（どうやって）を付け加えますが、最も大事な Why（なぜ）が説明されることはありません。

そうすると部下は、なんだかよくわからなくても、とりあえず上司の指示通りに動く

「受け身」の人になります。ひとつタスクを終えると「チェックをお願いします」、ＯＫが出ると「次は何をしたらいいですか」という具合に、都度上司に質問してくる「指示待ち」の人にもなります。失敗しても「上司の指示通りにやっただけだから、自分の責任ではない」と考えるようになります。これでは、いつまで経っても部下は成長しません。

「来年度の販促予算を今年の20％増にしてもらえるような資料を作ってください」というなぜ（Why）だけの指示ならば、「売上と販促費の相関関係を見せたほうがいいだろうな（How）。そのためには、グラフを作らなくちゃ（What）」というように、部下は自分で考えてどんどん進めるようになります。

一流は誰でも、**部下の成長とモチベーションの両方を考え抜いた指示をします。**

［一流の基本］

部下に仕事を頼むときは、「なぜ（Why）」だけを語る

40

部下は頻繁には褒めない

上司に業務報告をしたとします。

このとき、やって当たり前という態度をとられるよりも、「助かりました。ありがとう！」と言ってもらえたほうがうれしくありませんか？「報告してよかった。また報告しよう」という気持ちになれば、報告の頻度も質も自然と高まります。

人は褒められると、自尊心や自己肯定感がアップします。そして、それがモチベーションの向上につながるからです。

この効果を自分の組織に取り入れようと、毎日、部下を褒めることを実践している部長がいます。その部は、さぞかしモチベーションの高い人ばかりで業績もいいのだろうと思いきや、残念ながらそうではありません。

人は、あまりにも頻繁に褒められると馴化《じゅんか》します。馴化とは「慣れ」のようなもので、ある「刺激」が繰り返されると、その刺激に対する反応がだんだんと見られなくなることです。部長は些細なことでも頻繁に部下を褒めるので、部下は「褒められる」という刺激に慣れてしまい、うれしいと感じなくなってしまったのです。

一流は、ここぞというときにしか部下を褒めません。

ここぞというのは、**「期待通りまたはそれ以上の成果を出したとき」「本人の成長が見られたとき」「チームに貢献したとき」「困難を乗り越えたとき」の4つです。**

この努力を誰かちゃんと見てくれていたのかな？　本当に結果は出ているのかな？　と半信半疑のとき、褒めてもらうと「がんばってよかった」と心から思います。

毎日ちょっとしたことで褒めてもらうよりも、ずっとやる気になります。

しかし、褒められたとしても、そこに具体性がなかったら、「お世辞？」「人気取り？」と、部下は上司に不信感を持ちます。だから、褒めるときは、SBIを使って具体的に褒めます。

SBIとは、Situation（状況）：どんなときに、Behavior（行動）：部下はどんな行動を

とったのか、Impact（影響）：どんないい結果につながったのか、の3つの要素を具体的に示しながら褒める方法です。

「さっきの会議ではよかったよ」ではなくて、

- Situation（状況）：「さっきの会議で、最初は誰も意見を出さなかったでしょう？」
- Behavior（行動）：「そうしたら、『思いつきレベルのことでもいいんですか？　ちょっと変なことかもしれませんが、議論のたたき台にしてください』と言ってくれたよね」
- Impact（影響）：「あの発言をきっかけに場の雰囲気が変わって、最終的には全員が発言してくれた。その結果、みんなが納得できる結論を出せたね」

こんなふうに何がどうよかったのかを具体的に褒めます。

部下は「実は、あそこで発言するのはちょっと勇気がいったけど、言ってよかった」と励みに思うし、「相手が黙っているからといって、意見がないわけじゃないんだ。これからは、相手が発言しやすいようなきっかけを作ってあげるようにしよう」と学びます。

特に、縁の下の力持ち的な仕事をしている人は、ＳＢＩでちゃんと日頃の働きぶりを見ていることを伝えると、モチベーションを高めることができます。

- Situation（状況）：「文房具置き場のペンのストックが少なくなってきたなと思ってたら、いつもすぐに補充されているよね？」
- Behavior（行動）：「経費の記録を確認したら、いつもあなたが絶妙なタイミングで文房具の発注をかけてくれていることがわかったよ」
- Impact（影響）：「そのお陰でうちの課は文房具が切れたことはないよね。みんなが働きやすいようにいつも気を配ってくれて、ありがとう」

めったに褒めない上司からＳＢＩで褒められると、部下のうれしさも倍増です。

［一流の基本］
ここぞというときだけ具体的に褒める

41 部下の失敗は成長に変える

一流は皆、**部下が失敗したときには、きっちりと叱ります。「怒る」は自分の気持ちを一方的に相手にぶつけることです。**「怒る」と「叱る」はまったく違います。**「叱る」は相手が成長できるようにアドバイスをすることです。**一方で、

上司には部下を育てるという役割があります。でも、上司にも自分の仕事があります。家庭教師のようにずっと部下の隣に座って、教えることはできません。だから、普段は部下を信じて仕事を任せ、失敗したときだけは時間を取って部下と向き合います。そして部下が、なぜ失敗したのか、どうすれば失敗しなかったのかを、客観的に振り返る手助けをするのです。

叱るときの基本は、「失敗を憎んで人を憎まず」です。

部下の失敗によって、「上司の自分が恥をかいた」「予定を変更せざるを得なくなって負担が増えた」こんな怒りをぶつけられたら、部下は萎縮するだけです。「本当にあなたの態度はなっていない」と言われても、抽象的でどう直したらいいのかわかりません。「どんな育てられ方をしてきたんだ」と、失敗の原因を本人や保護者のあり方のせいにしても、部下を傷つけるだけです。人格を否定するような発言は、メンタル不調や上司に対する苦手意識につながる可能性もあります。

こんなふうに言われたくはないので、部下は失敗を隠そうとするかもしれません。そうなると、問題が大きくなったり、不祥事につながるリスクもあります。

一流は、ここまで考えを巡らせて、**失敗につながった「出来事」だけに焦点を当てて叱るのです。**

部下を叱るときは、褒めるときと同様に、SBI（Situation：状況、Behavior：行動、Impact：影響）を使います。部下の行動やそれが招いた結果という「事実」に基づいて部下と一緒に失敗を分析し、同じ失敗を繰り返さない対策を講じるためです。

・Situation（状況）：「先日の決算書のレビューで数字の間違いが見つかったよね」
・Behavior（行動）：「収益と費用に入力エラーがあって、計算が間違っていたことが原因でした」
・Impact（影響）：「それで、部門総出で修正作業をすることになりました」

ここまで話してから、**Alternative Behavior（こうすればよかった行動）、Alternative Impact（こうすればよかった行動をとっていた場合の影響）を付け加えます。**

・Alternative Behavior（こうすればよかった行動）：「計算結果は自分で何度もチェックすること。これで間違いはないと思っても、最後にもう一度、他の人の目でもチェックしてもらうこと。それから提出するといいですよ」
・Alternative Impact（こうすればよかった行動をとっていた場合の影響）：「そうしていれば、今回も決算書を作成する前に数字の入力エラーに気づいたでしょう」

それから、はじめて部下を励まします。

「チェックさえ怠らなければ、二度とこんなエラーは起こらないから大丈夫。今回のことであまり落ち込まないで、明日からまたがんばって。期待してるよ」

ときどき、失敗して落ち込んでいる部下をさらに傷つけないように、部下をひたすら励ます上司がいます。上司が優しく受け止めてくれたことで、次は失敗しないようにしようというモチベーションづけになると考えるからです。

「決算書の数字を間違えちゃったね。でも、あれは部長が急かしたせいだよ。あれじゃ、誰でも落ち着いて仕事なんてできない。気にしない気にしない。部長には私からもよく言っておくから。これからも、がんばって」

一流は、こういう励まし方は絶対にしません。それは、自分1人で失敗を冷静に振り返って、それを糧に成長できる人はほんの一握りだということを知っているからです。

【一流の基本】

部下に失敗した原因と、同じ失敗をしないための方法を考えてもらう

42 部下の指導はカスタムメイドで

ある小売企業に「百面相」と言われている方がいました。その方に対する印象が部下によってまったく違うからです。ある部下はその方を「面倒見のいい、優しい兄貴分」、違う部下は「とにかく厳しい鬼軍曹のような人」と言います。

人によってこんなに真逆の印象を与えるのは、この方が、**部下それぞれに最も合った方法で指導**しているからです。

それぞれに合った指導方法を見つけたいときは、「最近の若者の傾向は……」と学校教育や生まれ育ったときの世相を手がかりにしようとする人もいますが、同じ世代だからといって十把一絡げにはできません。

若手の競争意識が低くてストレスに弱いのはゆとり教育のせいだと言われていますが、海外の複数の国の人と話しても、自国の若手の傾向について、日本のゆとり世代とまった

■ やる気×スキルに合わせた部下指導

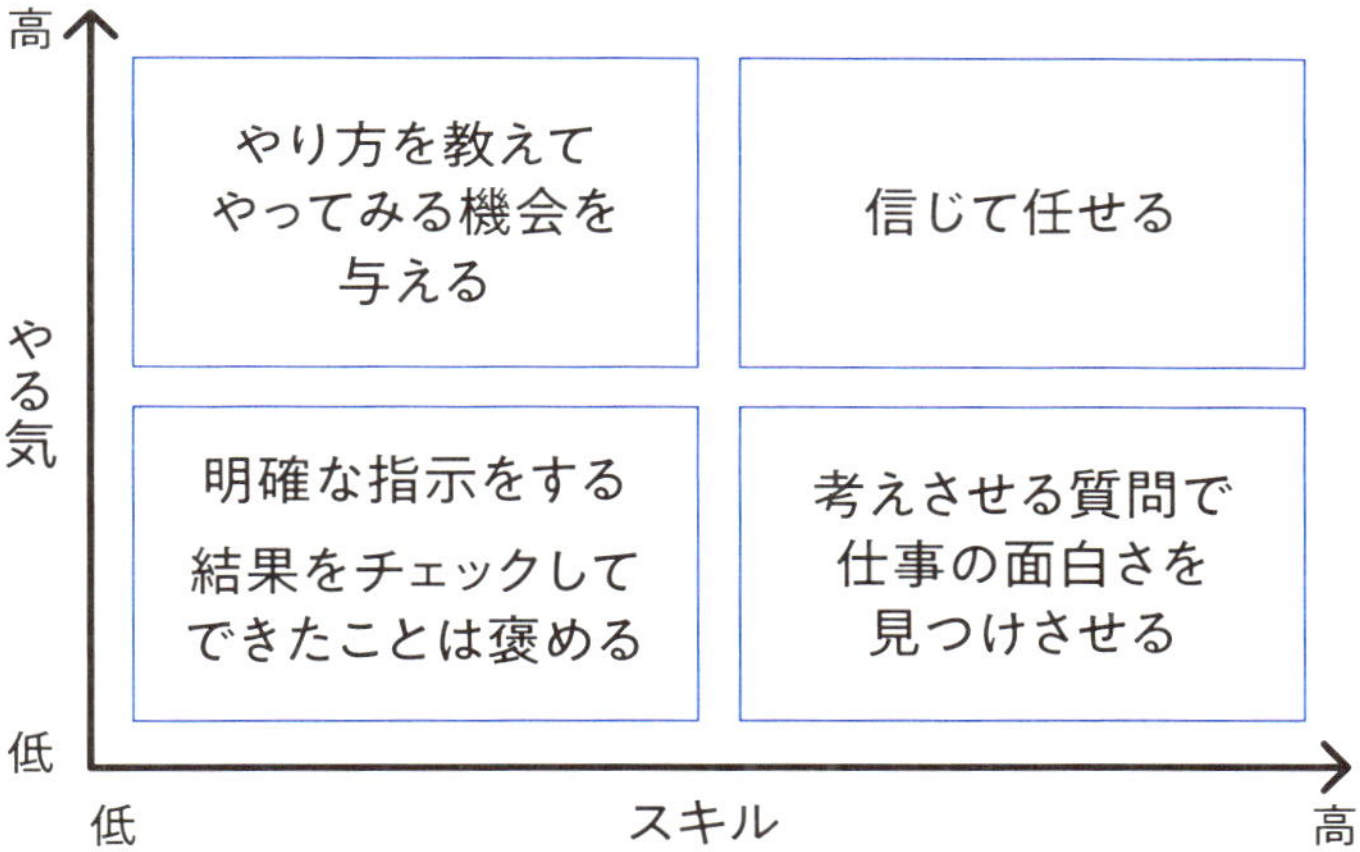

く同じことを言います。ということは、日本の学校教育だけが原因ではなさそうです。

では、育ったときの社会情勢の影響かと言うと、「フルゆとり世代」と言われる20代後半の人にも、ストイックでまじめと言われる「就職氷河期世代」のような特徴を持った人はたくさんいます。社会情勢を参考にするのも違いそうです。

こうなると一人ひとりに合ったやり方を見つけるしかありません。

とは言っても、部下一人ひとりをつぶさに観察するのはとてもじゃないけどできません。

そこで、**「やる気」と「スキル」を手が**

かりに、部下への接し方を考えます。

①やる気（高）×スキル（高）：全面的に任せて安心な状態

方向性のみをチェックします。ひとつ上のポジションに相当する仕事にも取り組んでもらって、昇進・昇格した場合の準備をしてもらいます。

②やる気（低）×スキル（高）：ある程度の仕事ならば任せて大丈夫だけれど、ちょっと惰性になっている状態

本人の能力を認めて組織に必要な人物であるという自負を持ってもらいます。細かい指示はしない代わりに「どうしてこう考えたの？」「この業務の目的は何だと思う？」のような**考えるきっかけになる質問をし、仕事の面白さを見つけてもらいます。**

③やる気（高）×スキル（低）：やる気満々だけど、仕事のやり方はわからない状態

基礎から仕事を教え、自分でやってみる機会を与えます。安心できる環境で、だんだんと仕事を覚えてもらい、自信をつけてもらいます。

④やる気（低）×スキル（低）：パフォーマンスを発揮できていないけれど、本人に改善する意欲はあまりない状態

明確な指示を出して、その通りにやってもらいます。結果はきちんとチェックして、できたことは褒めます。スキルが身につく、あるいはやる気が出てきたら、②か③の方法で指導します。

社員が自己都合で退職するとき、人事部はエグジット・インタビューという退職理由を聞く面談をします。そこでよく語られる退職理由のひとつが、「上司の指導方法が自分には合わない」というものです。逆に言うと、**部下それぞれに合わせた指導を行うことは、離職防止の観点からも大事なことだ**ということです。

［一流の基本］

部下の指導は、「やる気×スキル」に合わせて行う

第7章

ビジネスパーソンを一流に変えるマインドセット

43 仕事のスピードをワンランク上げる

一流は総じて、普通の倍の量の仕事を優にこなします。仕事の量だけを見ると、この人は寝ていないのではないかと思いたくもなりますが、決してそうではありません。一流がこれだけの仕事ができるのは、瞬時に判断して行動に移せるからです。

ある金融企業の仕事が速くて周りから一目置かれている優秀な方が、「もともと私は優柔不断なのんびり屋さんなんですよ」と、話してくれました。

「新人の頃は自分のペースで仕事をしていました。そうしたら、どれだけ働いても仕事が全然終わらない。さんざん考えてやっと決断したことも的外れで最初に逆戻り。そんなことを繰り返しているうちに、このままでは燃え尽きてしまうと非常に不安になりました」と続けてくれました。

そこで、この方は2つの取り組みをしたと言います。

ひとつ目は、**速く動けるリズムを自分の中に埋め込むことです。**

音楽を聴きながら何かをするとき、ゆったりとした曲と速いテンポの曲では、動くスピードが変わってきませんか？

音楽で1分間に刻むビートの数（拍数）をBPM（Beats Per Minute）と言いますが、BPMが人の行動のペースに影響を与えることは、研究によって明らかになっています。お客さまにゆっくりと商品を選んでいただきたい高級ブランドショップではやわらかい曲調のクラシック音楽を、効率よく買い物を済ませていただいて回転率を高めたいスーパーでは元気で小気味よいリズムの音楽をBGM（Back Ground Music）にしているのは、この効果を応用したものです。

一流は自分が理想的なリズムで動けるテンポの曲を見つけ、その曲をBGMにして歩く、食事をする、歯を磨くといった日常の行動をしてみます。これを続けているうちに体がそのリズムを覚えて、やがては自分のペースになります。

2つ目は、**自分の絶対的な判断基準を作り上げることです。**

判断が正しかったかどうかは、結果が出ないとわかりません。だから「こう判断したら結果はこうなった」という事例を集めて体系化し、「判断の勝ちパターン」を構築します。「パソコンをシャットダウンしようとしたら更新プログラムの許可を求められた。今やらなくてもいいと思い帰宅した。翌朝プログラム更新しているときに、お客さまから電話が入り、パソコンを開けないので折り返し連絡することにした。しかしお客さまとうまく連絡のタイミングが合わず、午前中いっぱいかかった」

こんなふうに、自分がどういう状況で、どんな判断をして、どんな結果に結びついたのかを書き出してみます。そして、「今できることは今やるべし」のように、その経験から得た教訓を書いておきます。

また、本を読んだり、人に言われたりしたことの中で、心に残ったことと、なぜそれが心に残ったのかも同じように書き溜めていくことも有効です。ある方は、入社からの3年間は、年に本を100冊読んでこれを実行したそうです。

このメモを定期的に読み返して、前とは違う考えを持っていたり、今となっては心に響かないものに印をつけて、その理由を書き出すということを続けていきます。

そうすると、自分の「原理原則集」が出来上がります。

原理原則集は、自分が信じていることや「これは正しい」と自信を持って言えることの集大成です。

こうして自分の中に軸を持っているから、一流の判断は速くて質も高いのです。

あまりに決断が速いと、周囲から「あの人は物事を深く考えない」と誤解されてしまうことがあります。だから最初のうちは、自分の中で結論が出ていても、少し時間を置いて相手に伝えて「じっくりと考えている感」を出しましょう。

そのうちに、「あの人の判断には間違いがない」という評判を得られるので、そうなったら、すぐに結論を伝えても大丈夫です。「さすが！」という評価をしてもらえるでしょう。

【一流の基本】
自分の仕事のリズムと判断軸を持つ

44 自分を丸ごと受け入れる

あるグローバル企業が、昼休みに社内英語クラスを開催することを企画しました。外部から英語講師が出張してきてレッスンをしてくれるというもので、受講料は全額会社負担です。希望すれば誰でも参加できます。ところが、希望者はとても少なくて、クラスは不成立になりました。

社員にどうして参加しないのかを尋ねてみると、「英語が下手なことを同僚に知られたくない」というのが圧倒的に多い理由でした。しかし、「外部の英会話スクールならば、自己負担があったとしても通いたい」と言います。外部の人たちだったら、英語が話せない自分を見せても恥ずかしくないと言うのです。

この社員たちの考えは、人の承認欲求と関係しています。**承認欲求とは、「他人から認められたい」「自分で自分を価値ある存在として認めたい」という欲求のことです。**

誰にでも承認欲求はあるし、「認められたい」と思うことは決して悪いことではありません。

でも、この企業の社員たちのように、承認欲求ゆえにせっかくのチャンスを失うのは、もったいないことです。

他人からどう見られているかということに固執し過ぎず、**ダメなところも含めて自分だと開き直ったら、自信が持てるようになり、物事はいい方向に動きはじめます。**

ある情報通信企業に勤める方は、管理職に昇進したときに「こんな頼りない新米管理職でご迷惑をおかけしますが、よろしくお願いします」と部門ミーティングであいさつをしました。その方は若くして管理職になったので、部下がついてきてくれるかどうか自信がありませんでした。そこで、最初に謝ってハードルを下げておくと部下から承認してもらいやすい環境を作れると思ったそうです。

ミーティングのあと、その方は上司に呼ばれてこう言われました。

「『自分なんかが上司では申し訳ない』と思っているような人と働きたい部下はいない。みんなを不安にさせるばかりだ。**腹をくくって、とにかく堂々としていなさい。そうす**

れば、自信はあとからついてくる」

この方は、上司のこの言葉で考え方が180度変わったと言います。それまでは「ダメな自分を他人に見せたら負け」だと思っていましたが、このことがきっかけで、自信がないときほど、どっしりと構えることにしたそうです。

その後、この方は、ある海外企業との重要な商談を任されました。商談の場では、あえて通訳を断り、片言の英語で堂々と交渉し、最終的には契約にこぎつけました。商談の相手から「言葉は流暢ではなくとも心が通じ合った」と高く評価されて、絶大な信頼を得たのです。

自分に自信が持てないとき、一流は皆、**「ペップトーク（Pep Talk）」**で「堂々と見えるモード」への切り替えを行っています。

ペップは、元気、活気、活力という意味で、ペップトークとは、本来スポーツの試合前に監督やコーチが選手を励ますために行う短い激励のスピーチのことを言います。

ある大手企業の社長は、毎朝、鏡に向かって「大丈夫！　君ならちゃんとできる」とペップトークをして、自分が堂々と見えることを確認してから出社するそうです。このように、一流は総じて、自分で自分を励ます、とっておきの方法を持っています。

一流だって何でもできるというわけではありません。もしも人前で失敗してしまったとしても、それが今の自分なのだと受け入れることができれば、ずいぶんと気持ちは楽になります。堂々としていて立派に見えていた人が、あとになって「実は膝がガクガク震えていた」「あの日は朝から何も喉を通らないくらい緊張していた」と話してくれることはよくあります。

承認欲求を抑えて、内心はどうあれ、いつも堂々とふるまう一流には感心させられます。

［一流の基本］

自信があってもなくても堂々とふるまう

45

弱みは無理に伸ばさなくてもいい

仕事に必要なスキルレベルを測定する「スキル診断」というアセスメントツールがあります。

その診断を受けると、自分の強み（凸）と弱み（凹）が蜘蛛の巣のような形のレーダーチャートになって戻ってきます。レーダーチャートは、各スキル項目の得点が高いほど外側に広がり、得点が低いほど真ん中に寄る構造になっていて、誰にでも強みもあれば弱みもあるので、診断結果はたいてい凸凹の多角形です。

一流の方だったら、レーダーチャートはほぼ円形だろうと想像してしまいますが、実は一流の診断結果に共通しているのは、凸が極端に出っ張っていて凹との差が大きいことです。**一流には弱みもあるけれど、強みに関してはきわめて優れている、**ということがわかります。

スキル診断結果のレーダーチャート

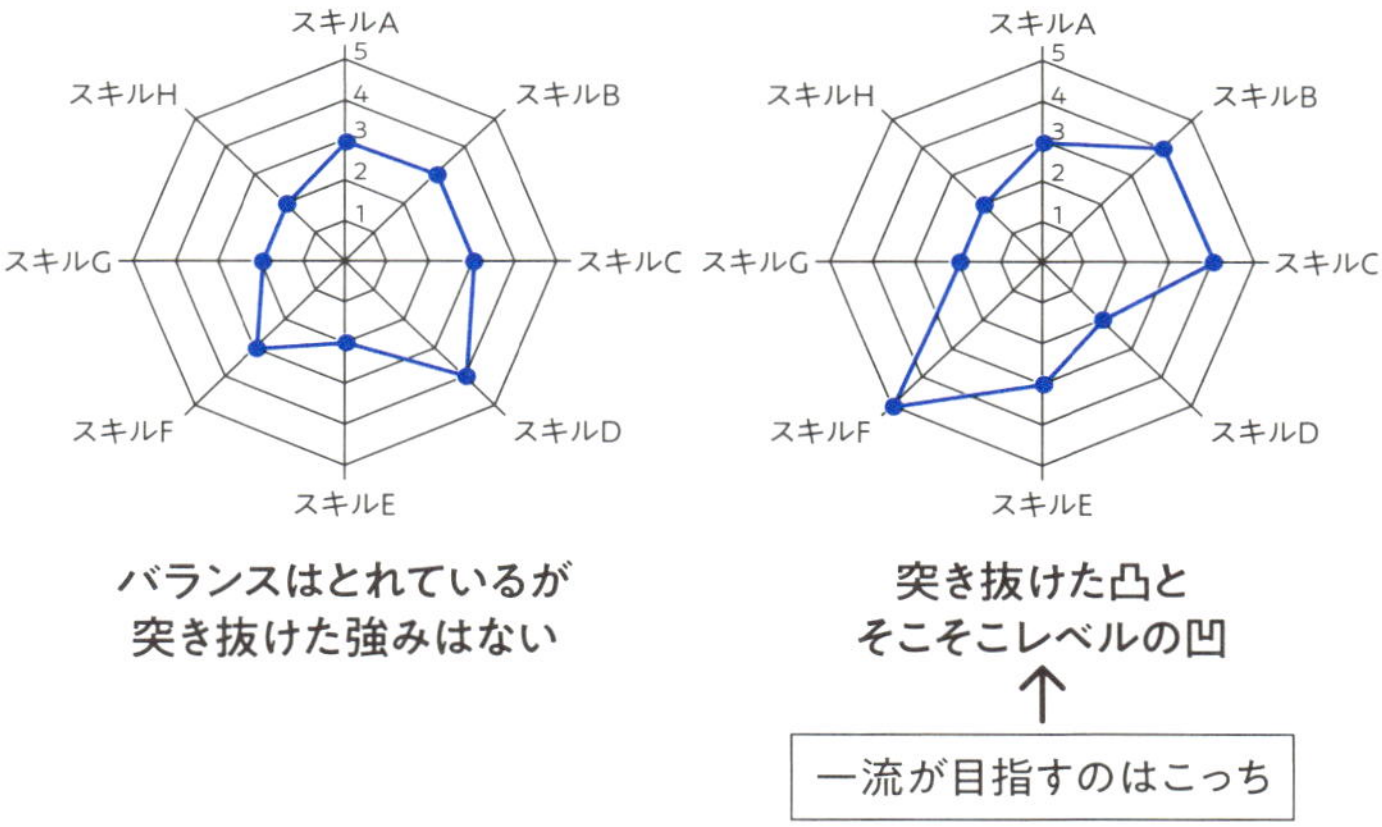

バランスはとれているが
突き抜けた強みはない
突き抜けた凸と
そこそこレベルの凹

凸凹のレーダーチャートを見ると、凹を伸ばして限りなく円に近づけたくなるものですが、一流は、凸凹の差をもっと極端に広げようと考えます。**得意分野の凸を伸ばして凹を埋め、平均点を引き上げるという作戦です。**

例えば、締切から逆算して最適な仕事の進め方を組み立てる「段取り力」が凹でも、目標達成のためには最後まで粘り強くやり抜く「完遂力」が突き抜けた凸ならば、段取りのまずさから困難な状況に陥っても、それを乗り越えていくことができます。

それに仕事は1人でするわけではありません。メンバー同士で凹を補い合えば、最強のチームが出来上がります。

凸を伸ばすことに集中するのには、もうひとつ理由があります。

凹は、裏を返すと伸びしろが大きいとも言えます。平均以下の凹のレベルをちょっと引き上げるのはそれほど大変なことではありません。これまでにそのスキルを使う機会がなかった、ちゃんと学んだことがない、という理由で凹になっていることも考えられるからです。

凹改善のための取り組みをはじめると、面白いくらいにぐんぐん伸びていきます。しかし、あるレベルに達すると、凹は突然伸び悩むようになります。「誰にでもスランプはある。これを乗り越えたらまた成長できる」と自分に言い聞かせてがんばり続けたとしても、苦手なことはやっぱり苦手です。ある程度のレベルに達すると、それ以降はなかなか思うような結果は出ません。

凹をカバーするには、ちょっとくらいの凸では足りません。「このことだったらあの人の右に出るものはいない」と周囲から一目置かれるような高いレベルが必要です。こんなレベルには並大抵の努力では到達できませんが、**もともと得意で好きな凸であれば、楽しんで前向きに取り組めます。**

ある輸送機器メーカーに勤める方は、大勢の人の前では気後れしてしまい、思うように発言することができません。それを強みである概念化スキルでカバーしています。会議にはノート型のホワイトボードを持参し、自分の意見を図式化して見せながら伝えるのです。この方の話はわかりやすいと周囲からは高く評価されています。

凸で凹をカバーするというのは好きなことだけすればいい、苦手なことや嫌いなことはしなくてもいいということではありません。

凸のスキルと同様に凹のスキルにも取り組むけれど、凹は「そこそこ」で構わないということです。平均よりも下回っている凹と、得意な凸の両方に取り組むと、どちらかがスランプでも、どちらかは伸びるといういい状態を作れます。

【一流の基本】

得意なスキルを伸ばして不得意なことをカバーする

46

給与の5%は「忍耐手当」

「そもそも給与というものには忍耐手当が含まれていると、私は思っているんです」

責任ある仕事を任されてプレッシャーも相当なものだろうに、いつも沈着冷静、そして笑顔を絶やさない、メンタルタフネスな、ある卸売企業に勤める方の発言です。

その方はさらにこう続けました。

「私だって『もう仕事なんて嫌だ』『こんな会社辞めてやる！』と思うことは当然ありますよ。でも、どこでどんな仕事をしていたとしても、もっと言えば、生きている以上、嫌なことや思い通りにならないことは必ずあるでしょう。それも含めての給与だと思っているんです。

給与の一部は我慢への対価だと思っているから、そのお金でときどき自分を思いっきり甘やかしています。『いろいろ我慢したもんね』というのを口実にして、前からほしかったものを買うとか、美味しいものを食べるとかをします。ちょっと金欠のときには、コーヒーのサイズアップなんてこともありますけどね。『次のご褒美はあれにしよう！』と、自分で自分を鼓舞して、これまでなんとかやってきました」

この話を聞いて、私は、なるほど！「ビーパー・ペイと同じ発想だ」と思いました。

ビーパー（beeper）は英語でポケベルのこと、ペイ（pay）は手当の意味です。

誰でもスマホを持っている今の時代では知らない人も多いかもしれませんが、ポケベルはポケットに入る程度の無線受信機で、連絡をとりたい人が電話をかけると音が鳴ります。ディスプレイに数字やカタカナで15字くらいのメッセージを表示させることができる機種もありました。

ちなみに、スマホはメッセージの受信も送信もできますが、ポケベルは受信だけで送信はできません。なんとも不便な時代でした。

その頃は、保守の仕事をしている人などに、いつでも連絡をとれるようにと、会社がポケベルを貸与していました。いつ出動要請があるかわからない仕事には、精神的な負担が常につきまといます。それに報いるための手当がビーパー・ペイです。

ポケベルは数年前にサービスが終了しましたが、今でも緊急呼び出しに対応する職種の人への手当は、ビーパー・ペイと呼ばれています。

なお、企業が支給する手当には、残業手当のように法律で決められているものと、住宅手当のように企業が独自に定めているものがあります。

企業独自の手当には、自転車通勤手当や服飾手当のようなユニークなものもあります。これらの手当には、健康促進のために自転車通勤を奨励する、社会人として身だしなみに気をつかってほしいという、企業から社員へのメッセージが込められています。

日々の仕事を顧みると、少しのアイドリングタイムはないでしょうか？

気分転換のためにコーヒーを淹れる、ちょっと外に出て深呼吸する、気になってしかたがないスポーツの試合の結果をチェックする、こんな時間は毎日何かしらあるものです。

アイドリングタイムが、平均で1時間中に3分だったら、働く時間の5％にあたります。5％を金額に換算すると、月給30万円として1・5万円、時給1004円（2023年度の全国最低賃金の加重平均）のうちの50円です。

この5％を忍耐手当と考えるのです。

忍耐手当に込められたメッセージは、「我慢することでコチコチになった心をときどきほぐしてください」ということでしょうか。

総じて一流は「仕事に我慢はつきもの」「思い通りにならないのが会社というもの」といい意味で達観しています。だから、忍耐手当という発想が出てくるのでしょう。

さらに、一流は皆、息抜き上手です。小さなご褒美を励みに走り続けています。そして「もう限界だ」と思う前に休みます。これが一流で居続けられる理由です。

一流にならって「忍耐手当をもらっているから」と割り切ると、つらさもちょっと軽減できるような気がします。そして、忍耐手当を使って、「よくやった」と自分で自分を褒めてあげてください。

［一流の基本］

ちょっとつらいことがあっても「忍耐手当のうち」と割り切る

47

年収と同額の貯金をする

「年収と同額の貯金を常にキープしているんです」

ある方がこう言っていました。

きっかけは、社長室への異動だそうです。

その方は、「社長室の役割は、経営者に対して耳の痛いことを言うことだ」という信念を持っています。でも、この信念を貫くのはとても勇気のいることです。「経営者の逆鱗《げきりん》に触れて、会社に居づらくなるかもしれない、この会社を辞めたら明日からどうやって生活していくのだろう」と思うと、自然とブレーキがかかってしまうからです。

だから、いつ退職することになっても、路頭に迷う心配をしなくていいように準備をしているそうです。1年あれば満足のできる仕事を見つける自信はあるので、年収分のお金をキープしています。そうすることで生活のことを気にせずに、思った通りに働けると言うのです。本人曰く、「『お守り』のようなもの」だそうです。

どんな仕事をしているのかにかかわらず、働く人なら誰でも、突然会社を辞めることになったらどうしようと、心のどこかに不安を抱えているものです。老舗企業への就職を目指す人が多いのも、婚活市場で公務員や大手企業の会社員が人気なのも、こんな不安を少しでも取り除きたいからではないでしょうか？

しかし、ビジネスモデルがどんどん変化していく昨今、どんな企業でもいつ消滅するかわかりません。加えて、人生100年時代になって、働く年数が長くなっています。公務員でも、伝統ある大手優良企業に勤めていても、どんな人でも失業の心配がないとはもはや言えません。

こんな背景から、資格取得を目指す人も増えています。でも、残念なことに、**資格を持っていても、路頭に迷う心配はないとは言い切れないのです。**

2008年9月15日に起きた米投資銀行リーマン・ブラザーズの経営破綻から世界的な不況に発展した、いわゆるリーマンショックのとき、多くの金融機関に勤める人たちが失職してしまいました。

ちょうどその頃、私は企業の人事部で働いていたので、転職先を探す彼ら・彼女らの応募書類をたくさん見ました。皆、MBAや証券アナリストなどの難関資格を持ち、長年トップクラスの金融機関で仕事をしてきた人たちです。

それにもかかわらず、ほとんどの人は、長い間路頭に迷うことになってしまいました。仕事を求める優秀な人が市場にあふれているのに、金融機関は軒並み業績低迷でキャリア採用はしないという、供給過多の状態だったからです。


「そんなときこそ、資格を活かして独立したらいいじゃない？」と言う人がいます。

しかし、**資格の価値は、その資格が必要な仕事の量（需要）と資格を持っている人（供給）のバランスで決まります。**資格があっても需要がなければ話にならないし、需要があってもその資格の保有者が増えれば仕事の獲得競争は激しくなります。

だから、**独立して成功している人はほんの一握りです。**

その一握りの人たちも、仕事が軌道に乗るまでには何年もかかっています。資格を持っていても、十分な実務経験を積んでいなければ、自分でビジネスを回してはいけないし、顧客開拓は一朝一夕にはできないからです。

こう考えると、どんな人であれ、**年収と同額の貯金があれば、たとえ何が起きても1年間はこれまでと同じ生活をすることができます。**人におもねることなく、信念に従って行動することもできます。

これは、心の平穏につながります。

給与の10%をコツコツ積み立てていけば10年、または夏と冬の賞与をまるまる貯金に回せば3～4年で、年収と同額のお金が貯まります。

「お守り」貯金で、心穏やかに毎日を過ごしましょう?

［一流の基本］
暮らしの心配がない状況を作って、先の見えない時代を心穏やかに生きる

48

キャリアは思い通りにならないもの

就職や配属だけは「念ずれば通ず」はありません。

「就活に失敗して、ここにしかたなく入社した」

「数字なんて見ただけでも頭痛がするのに、なぜか経理の仕事をしている」

「子どもの頃から大ファンだった商品のメーカーに念願かなって入ることができて、大喜びしたのもつかの間、モノ作りの現場とは程遠いところで働いている」

こんな話をよく聞きます。

思い描いていた仕事に就けないのは、自分のせいばかりではありません。**採用や配属は、会社の方針や需給のバランス、そのときの経済状況など、自分の努力ではどうにもならない要素で決まる部分も大きいからです。**

では、キャリアを思い定めて、それだけを頑なに追い求めることは本当にいいことなのでしょうか？

あなたの憧れている職業が、いつまでも存在するとは限りません。

タイピスト、場立ち、電話交換手、切符切り、集金人。

これらは、平成の間に国勢調査の職業分類から消えた職業の一部です。

タイプライターを打って文字を印字するタイピストはかつては憧れの職業でしたが、パソコンの普及によって職業そのものの存在意義がなくなってしまいました。

証券取引所で手サインを使って売買注文を伝達する場立ちは専門職でしたが、証券取引の電子化で必要がなくなりました。

電話交換手はスマホ、切符切りは自動改札、集金人は自動引き落としに取って代わられました。

逆に、平成の間に職業分類に加えられた職業は、リサイクルショップ店員、テクニカルライター、レンタカー係員、サーバー管理者、心理カウンセラーなどです。しかし、これらも、フリマアプリやＡＩの台頭で、数年後に残っているものは数少ないかもしれません。

こんなことを考え合わせると、**就職先や職業に固執することにはあまり意味がないとも**

言えそうです。

例えば「高校の英語教師になる」と目標を定めたとしても、少子化で教員の採用はどんどん狭き門になっていくでしょうし、そのうちに英語の授業はネイティブ教師によるオンライン授業に置き換わることも十分に考えられます。

それよりも、「人に何かを教える仕事」とか「英語を活かせる仕事」という切り口で考えたほうが、自分に合った職業や働く場所が見つかる可能性はぐんと広がります。

毎年、就職人気ランキング上位に並んでいるのは、B to Cの企業やマスコミでよく取り上げられる企業です。世界に誇る技術を持つ超優良企業であってもB to Bの企業はほとんどランクインしていません。これは、一般消費者には、B to Bの企業を知る機会がほとんどないからです。もっと視野を広げてみることも必要なのではないでしょうか。

キャリアの考え方に「計画的偶発性理論（Planned Happenstance Theory）」というものがあります。これは、**人生やキャリアは、計画していたことや望んでいたこととは異なる出来事や偶然の出会いによって形成されるというものです。**キャリアは「ご縁のもの」

と言い換えるとわかりやすいかもしれません。

実際にキャリアの転機となった出来事の80％は、本人の予想もしていなかった偶然の出来事によるものだという調査結果があります。

技術職採用の人事部長、文学部卒の公認会計士、地元で働けるのが魅力で入社した会社で海外勤務30年など、おそらく本人にとって予想の斜め上だったであろうキャリアで大成している人はたくさんいます。

一流は誰でも、チャンスがあれば迷わずそれに飛び乗り、努力します。だから、紆余曲折や葛藤があったとしても、成功しています。

一流に共通しているのは、自分で決めた枠の中に自分を閉じ込めてしまわないことです。

［一流の基本］
キャリア形成には、偶発性も大事にする

49

見えない報酬にも敏感になる

毎月、銀行口座に振り込まれる金額だけが給与ではありません。

「やりがい」「仕事の面白さ」「働きやすさ」といったものも給与の一部です。

給与が十分満足のできる額だったとしても、ブラックな職場や、体に不調が出るような空調や照明、デスクで働くのは嫌ですよね。

だから、給与は、労働の対価としてのお金という「目に見える報酬」と、やりがいのような「目に見えない報酬」で成り立つと考えられています。これを**「トータル・リワード」**と言います。

特に**若手社員は、「働きやすくて成長できる職場」を求める傾向があります。**

トヨタ、ソフトバンク、ファーストリテイリング（ユニクロ）など、企業内大学を設置して、社員の成長に投資する企業は就活生からの人気が高いです。このことからも、人材育成の取り組みや他社にはない学びの場を提供してくれる企業に、魅力を感じる人が増えていることがわかります。

「もはや終身雇用は期待できない」「定年後再雇用制度で働く期間はどんどん長くなる」「人生100年時代を生き抜くためには『売れる人材』であり続けなければならない」。若手ほど、こんな意識が高いからです。

これに対して、中堅層を対象にした研修では、「させられる」という言葉をよく耳にします。

「研修を受けさせられる」「演習をやらされる」「事前課題を出される」。まるで、罰を受けているかのようです。

「売れる人材」であり続けるためには、今求められている知識やスキルにアンテナを張り、自分で学び、習得状況をモニタリングしなければなりません。こんなことを1人でするのはとても大変です。学校の受験対策に子どもを塾に通わせるのは、この大変さがわかっていてプロの力を借りたいと思うからではないでしょうか。

社会人の学びもまったく同じです。その上、企業研修の受講費用は企業持ち、研修を受けている時間にも給与が支払われる、こんなありがたいことはありません。

一流は、学びに貪欲です。研修は、「やらされるもの」ではなくて、自分の市場価値を高めるための特別賞与と考えています。

「『売れる人材』なんて、転職する場合の話でしょう？　自分はずっとここで働くつもりだから関係ない」

「ベテランで後輩の指導をしているから、今さら学ぶことなんてない」

こんなふうに言う人もいます。

しかし、これまでうまくいっていた事業の仕組みやオペレーションが、ある日突然「使えない」ものになってしまう世の中です。ＡＩの台頭で人が行う仕事はどんどん減っていくとも予想されています。

突然仕事がなくなったり、まったく新しい仕事への転換を余儀なくされることは十分に考えられるから、政府はリスキリングを提唱しているのです。

私が勤務していた企業には、ビジネススクール（経営大学院）に匹敵するような充実した社内研修プログラムがありました。しかし、研修を受講できる社員は選ばれた一部の人だけでした。

この企業だけではなく、人材育成に定評のある企業の研修は「選抜」形式です。**研修はたくさんお金がかかる「投資」だから、より多くのリターンが期待できる人にだけ受けてもらうという考え方です。**「一流」と認められて研修に参加できるようになるまでは、自分のお金と時間を投資して学ぶしかないのです。

だから、研修を受けられるということは、一流だけに与えられる「目に見えない報酬」のひとつなのです。

【一流の基本】

「学び」の機会は、特別賞与だと心得る

50

心が折れそうな話は副音声解説で聞く

尊敬を込めて「鋼《はがね》のメンタル」と呼ばれている一流の方がいます。どれだけ忙しくても自分を失わず、面と向かって批判や非難をされてもこたえている様子はありません。何が起きてもペースを崩さずに、着々と前に進んで成果を出し続けるのです。

どうしてこんなに強くいられるのか？　その答えは「副音声切り替え」にあります。

その人だって、心が本当に鋼でできているわけではありません。さすがに自分についてネガティブなことを言われるときは、心穏やかではいられず、心臓はバクバクすると言います。

だから、**「これはさすがにキツそう」という予感がしたら、脳内で「副音声」に切り替えるそうです。**

副音声は、オーディオコメンタリーと呼ばれる、映画やドラマで監督や俳優が場面解説や製作当時のエピソードを語るものや、スポーツの試合を元選手が解説するものをイメージしてください。あの要領で、第三者になったつもりで、脳内で今の状況を解説するのです。

「いつも穏やかな上司が険しい顔をしています。今月の数字が目標に届かないことを言いたいのでしょう。といっても、数字が上がらないのは私のせいだけではありません。値上げした翌月はそりゃ売れませんよ。でも、それは誰でも同じ条件だから、反論はできません。あっ、本題がはじまります。上司もちょっと言いにくそうです。厳しい言葉が続きますが上司の言うことにも一理あります……」という感じです。

こうすることで、心が折れそうな自分を、もう1人の自分が見つめている構図が出来上がるので、状況を客観的にとらえることができます。

室町時代に活躍した能楽師、世阿弥の言葉に**「離見《りけん》の見《けん》」**というものがあります。自分を観客の目で見なさい、つまり、第三の視点で自分を見ることが大切だという意味です。

心理学では、これを**「メタ認知」**と言います。

「メタ」は、「高次元の」という意味です。つまり、高い位置から自分を客観的に見ることです。

脳内で副音声に切り替えるのは、自分の思考や行動そのものを客観的な対象として把握し認識すること。離見の見、メタ認知です。

メタ認知は、自分のクセを見つけてくれます。

「自分の弱点だと思っていることを人から指摘されると、つい反論しちゃうな」

「自信のないところにくると説明を端折っちゃうから、余計に突っ込まれちゃうな」

このように失敗した原因がわかると、「反論したくなったら深呼吸しよう」「自信のないところほど念入りに準備して、ちゃんと話せるように練習しておこう」というように、どうすれば成長できるかわかってきます。

また、**メタ認知はストレスも減らしてくれます。**

ストレスを与えるのは出来事そのものではなく、その出来事のとらえ方です。ネガティブに考えると、それがストレスにつながります。

例えば、上司からの質問にうまく答えられずに困っている同僚を見かねて、代わりに答えてあげたとしましょう。助けてあげたのに、その同僚はお礼も言ってくれません。「礼儀を知らない奴だ」「もしかして余計なことをして嫌われたのだろうか」と考えると、ネガティブな気持ちになります。

しかし、俯瞰的に見ると「答えられなかったことが恥ずかしいのかな」「超急ぎの仕事があるのかもしれない」という別の解釈もできます。これなら同僚の態度も気にはなりません。

一流は皆メタ認知が上手です。だから、フィードバックを受けるとき、他人の態度がちょっと気にかかるとき、ストレスから自分を守りながらも成長のヒントはしっかり受け止められます。この積み重ねで、心を強く保ちながら仕事をしていられるのです。

【一流の基本】

キツい状況では、自分を俯瞰的に見つめる

おわりに

私は、時代の波に翻弄される波乱万丈のビジネスパーソン人生を送ってきました。最初に就職したアメリカン・エキスプレスは、日本支社の業務のほとんどが海外へ移管されることになり退職。次に入社した、当時 Big 5（世界五大会計事務所）のアーサーアンダーセンは、エンロン事件で清算。同じく Big 5 の PwC に移籍すると、半年後にＩＢＭによって買収。世界で最も尊敬される企業であるＧＥに入社したら、リーマンショックに直面。当時担当していた金融サービス事業は大打撃を受けました。

そしてこれを機に、ずっと心に秘めていた独立・起業を決意しました。

ちなみに、勤務先はこれだけ変わっていますが、失業期間はゼロ日。前の会社を退職した翌日から次の会社で働いてきました。

こんなキャリアを歩んできたので、最近になって世間で言われはじめた「キャリア自律」「就社ではなく就職」「会社と社員は『選び選ばれる関係』」といったことは、ずっと前から意識していました。意識するというよりは、考えざるを得ない状況に置かれてきたというほうが正しいかもしれません。

だから私は、「よく」働くことにとても関心があります。漢字を当てるならば「佳く」。均整が取れていて美しいという意味です。

自分のしていることが誰かのためになっていて、自分もそこから生きる力をもらっている。そんな目に見えない循環が、私が考える「佳く働く」ということです。

人が生きていく上で、働くことは避けて通れません。好きな仕事であってもなくても、どのみち働かなければならないのならば、ちゃんと成果を出して、自分がそこに存在していた痕跡を残すことが、幸せだと思っています。

とは言え、成果はそう簡単には出ません。

だから、「働くことは、つらいこと」「つまらない作業でも我慢強く繰り返すのは、いたしかたのないこと」と思っている人が相当数いるのです。

そういう人を1人でもなくしたい、これが本書を企画したきっかけです。

私は、茶道を少し嗜《たしな》みますが、茶道のお点前《てまえ》は実に合理的にできています。相手を思いやって、美味しいお茶を美しく点《た》てるためのムダのない一連の動きは、「一流の『思考』と『行動』」にも通じるところがあると思っています。

茶道でも仕事でも、考え抜かれた方法で確かな成果を出せると、人は時間を大切にできるし、相手にも優しくなれるような気がします。

さて、本書の出版は、たくさんの人の支えがあったからこそ、実現したものです。

私を信頼してコンサルティングの依頼をしてくださるクライアントの皆さま、私にたくさんの学び、気づき、刺激をくださった上司、私の「戦友」である同僚、それぞれの専門分野からいつも支えてくれる同窓生、切磋琢磨してきた一般社団法人企業研究会「戦略スタッフ研究フォーラム」メンバー。皆さまに深謝申し上げます。

起業から十数年。経営者として、コンサルタントとして、なんとか無事に歩んでこられたのは、一流のビジネスパーソンである皆さまと出会えたお陰です。

また、本書の企画・執筆にご協力いただいた、かんき出版の久松圭祐さま、Ｊディスカヴァーの城村典子さまをはじめスタッフの皆さま。たくさんの示唆をいただき、本当にありがとうございました。

最後に、敬愛する父・清と、母・弘子。あなたたちの愛情とサポートなしには、現在の私は存在しません。これからも空の上から見守ってください。

心からの感謝を込めて。

２０２４年10月　佐藤　美和

【著者紹介】

佐藤　美和（さとう・みわ）

◉――株式会社ビービーエル 代表取締役　人事戦略・組織開発・人材開発コンサルタント／企業研修講師

◉――一橋大学大学院国際企業戦略研究科修士課程修了。2023年度　Asia Business Outlook誌が選ぶ「アジアの組織開発コンサルタント トップ10」（Top10 Organization Development Consultants in Asia）に日本から唯一選出。

◉――アメリカン・エキスプレス・インターナショナル にて、アジア太平洋地域オペレーションセンター設立プロジェクトを担当。アーサーアンダーセン ヒューマン・キャピタル・サービス、IBMビジネスコンサルティングサービス（現 日本IBM）戦略コンサルティング部門にて、人事戦略策定、人事制度改革、組織開発、人材開発、チェンジマネジメント等のコンサルティングに従事。日本GEにて、人事本部　組織・人材開発責任者として、組織活性化、タレントマネジメント、グローバルタレント育成等に従事。

◉――現在は、株式会社ビービーエルを起業し、日本を代表する企業や大手外資系企業を顧客に持つ組織・人事コンサルタントとして活動している。

HP：https://bblconsulting.jp

世界《せかい》のハイパフォーマーを30年間見《ねんかんみ》てきてわかった
一流《いちりゅう》が大切《たいせつ》にしている仕事《しごと》の基本《きほん》

2024年10月７日　第１刷発行
2024年12月２日　第２刷発行

著　者――佐藤　美和
発行者――齊藤　龍男
発行所――株式会社かんき出版
東京都千代田区麹町4-1-4 西脇ビル　〒102-0083
電話　営業部：03(3262)8011㈹　編集部：03(3262)8012㈹
FAX　03(3234)4421　振替　00100-2-62304
https://kanki-pub.co.jp/

印刷所――ベクトル印刷株式会社

　ISBN978-4-7612-7762-8 C0030